Deine ZUKUNFT!

11 Leitsätze für einen neuen Optimismus

IMPRESSUM

Herausgeber Harry Gatterer

Geschäftsführung Harry Gatterer

Projektleitung und Redaktion
Verena Muntschick, Christian Schuldt

Redaktionelle Mitarbeit
Nina Brückner, Ramona Fricke, Jan Langnitz

Lektorat Franz Mayer

Gestaltung Sarah Wehinger

Druck Druck - und Verlagshaus Zarbock GmbH & Co. KG

ISBN 978-3-945647-92-9

Zukunftsinstitut GmbH
Kaiserstr. 53, 60329 Frankfurt am Main
Telefon: +49 69 26 48 48 9-0
Fax: +49 69 26 48 48 9-20
info@zukunftsinstitut.de
www.zukunftsinstitut.de

Inhaltsverzeichnis

Zukunft ist, was wir daraus machen

Eine neue Form des Optimismus

HARRY GATTERER

Der Geschäftsführer des Zukunftsinstituts unterstützt Unternehmen dabei, relevante Trends zu erkennen und zu nutzen. Seine Erfahrung aus über 20 Jahren als Trend- und Zukunftsforscher sowie als Unternehmer lässt er in eigens entwickelte Methoden einfließen, mit denen er KMU ebenso wie internationale Konzerne und öffentliche Institutionen berät.

ZUKUNFT BRAUCHT OPTIMISMUS

Wenn es darum geht, die Zukunft zu gestalten, so tun wir das aus unserem Inneren heraus: als Menschen – sei es als einzelne Individuen oder in Familien, Organisationen, Gesellschaften. Dabei leiten uns, bewusst oder unbewusst, zwei Fragen: Wer sind wir? Und: Was stellen wir uns vor? Die Trend- und Zukunftsforschung nähert sich diesen Fragen vor allem, indem sie Entwicklungen beobachtet. Viele der dabei angewandten Instrumente lassen sich auch als Gestaltungs-Tools verwenden: Das Vorgehen der qualitativen Forschung, die Anwendung von Thinktanks, die Analyse von Veränderungsdynamiken oder die Definition von Begriffen helfen, die sich abzeichnenden Veränderungen früh als Muster zu erkennen und zu benennen.

Im selben Geist können wir damit auch Zukunft konstruieren und diese schöpferische Kraft sogar zu einer Fähigkeit erheben. Eine nötige Bedingung dieser Fähigkeit ist der Optimismus. Verstanden als Lebensbejahung (und nicht als Naivität), ist der Optimismus Voraussetzung, um sich überhaupt die Mühe zu machen, Zukunft zu konstruieren. Wie das funktionieren kann, erfahren Sie in diesem Buch.

DAS ABWESENDE, DAS UNS PRÄGT

So sehr wir uns mit der Zukunft beschäftigen: Wir werden sie nie erreichen. Die Zukunft bleibt uns immer verborgen. Im Jahr 2010 war unser Heute im Jahr 2022 noch ferne Zukunft – und zugleich hat unser heutiger Alltag mit der damaligen Vorstellung von Zukunft nichts mehr zu tun. Die Zukunft verschiebt sich mit jedem Tag. Doch so abwesend sie für uns ist: Als eine Instanz ist die Zukunft äußerst relevant. Denn auf ihrer Basis treffen wir Annahmen und Entscheidungen.

Dass die Zukunft zwar unerreichbar, aber dennoch prägend ist für unser Leben in der Gegenwart, führen uns auch die Corona-Pandemie und der Krieg in der Ukraine schmerzhaft vor Augen. „Das hätten wir nicht für möglich gehalten", sagen viele – doch für einige waren diese Ereignisse durchaus plausibel. So hatte die Forschung schon länger vor einer Pandemie gewarnt. Das Aufkommen eines globalen Virus lag als Wahrscheinlichkeit in der Luft, doch die fehlende Dringlichkeit und die schwer zu fassende globale Dimension waren zu „weich" für eine wirkliche Nachricht.

Die Zukunft verschiebt sich mit jedem Tag.

UNVORSTELLBARE ZUKÜNFTE WERDEN REALITÄT

Als das Unvorstellbare dann plötzlich eintrat, waren wir überrascht von der Wucht und den Konsequenzen, die es mit sich brachte. Im ersten Schock dominierten Hektik und Angst, schnell war die Rede von einem Zurück zur „Normalität" – die Zukunft wurde kurzerhand zum Retroprojekt. Doch je länger die Pandemie dauerte, umso klarer wurde, dass es dieses Zurück nicht mehr geben wird. Und dass wir es mit noch einem weiteren Problem zu tun bekommen: dass wir nicht darauf trainiert sind, uns andere Zukünfte vorzustellen.

Bei der Suche nach geeigneten Zukunftsbildern spielte die Dringlichkeit der ökologischen Wende eine zentrale Rolle. Die Nachhaltigkeitsziele (SDGs) sind inzwischen in aller Munde – auch deshalb, weil andere Bilder der Zukunft für viele Menschen nicht greifbar sind. Und auch die totalitären Systeme haben die Pandemie genutzt, um ihre Varianten der Zukunft voranzutreiben. So bereitete Russland mit viel Kraft und taktischem Kalkül eine weitere Unvorstellbarkeit vor: einen Krieg in Europa. Anders als bei der Pandemie ist der Auslöser dieses Krieges kein biologisches, sondern ein politisches System, das seine individuelle Realität zur allgemeinen Zukunft erheben will – mit Gewalt. Krieg ist vom Unvorstellbaren zum Fakt geworden.

ZUKUNFT ZUGÄNGLICH MACHEN

Die aktuelle Weltlage zeigt uns, wie schwer es ist, sich Zukunft vorzustellen – und wie viel leichter es ist, in der Vergangenheit zu schwelgen und für ein Zurück zu votieren. Doch ebenso wenig wie die Zukunft im Zurück liegen kann, besteht sie auch nicht in einem wilden Vorwärts: Die Jahre der aggressiven Vorwärtsmentalität der Start-up-Welt und ihrer Exit-Verheißungen sind gezählt. Zukunft ist mehr als hektisches Herumprobieren und Innovieren. Sie ist auch Strategie, Vision und Identität.

Gerade Letzteres prägt die Zukunft wie kaum etwas anderes. Die Frage nach der Identität schlägt alle anderen Fragen: Was ist Europa? Wer sind unsere Partner? Wer teilt unsere Werte? Identität ist dabei nicht als eine feste Größe zu verstehen, sondern als aktuelle Verfasstheit: Sie schiebt sich wie eine Hypothese von uns selbst zwischen die Außenwelt und unsere Vorstellung von ihr – und prägt damit unsere Weltdeutung und die der Zukunft. Diese Deutung von Welt mitsamt ihren Konsequenzen kann individuell so unterschiedlich ausfallen, dass sich kaum Überschneidungspunkte zu anderen Weltdeutungen finden lassen: Auch das zeigt der Krieg in der Ukraine inklusive Putins ganz eigener Interpretation von Weltgeschichte.

Zukunft ist also unweigerlich gebunden an uns Menschen, als Individuen und auch als Gruppen, denn Zukunft ist immer auch ein geteiltes Projekt, ein soziales Konstrukt. Die zentrale Frage lautet also: Was kann ich mir, was können wir uns vorstellen? Die Baupläne der Zukunft liegen in unserer Vorstellungskraft, die die unbekannte Zukunft ausleuchtet – und die geknüpft ist an unser jetziges Denken und Fühlen. Wir antizipieren, berechnen, bewerten und besprechen die Zukunft notwendigerweise in der Gegenwart – und machen dadurch das Noch-nicht-Existierende greifbar und begreifbar. Es sind daher immer die Ereignisse im Hier und Jetzt, die unsere Zukunft, unsere Vorstellungen von ihr immer wieder aufs Neue ins Wanken bringen. Bei allem Schrecken offenbart das vor allem eines: Zukunft wird dort gemacht, wo wir sind. In der Gegenwart.

Ihr
Harry Gatterer

Die Baupläne
der Zukunft liegen
in unserer
Vorstellungskraft,
die die unbekannte
Zukunft ausleuchtet –
– und die geknüpft
ist an unser jetziges
Denken und
Fühlen.

Zukunft liegt in uns

Warum wir Zukunft nur verstehen können, wenn wir uns selbst verstehen

ZUKUNFT IM KOPF

Zukunft ist das, was es noch nicht gibt. Daher ist Zukunft nie real, sondern eine Imagination in unserem Kopf. Ein Gedankenkonstrukt, das wir heute, im Hier und Jetzt, erzeugen. Und selbst den einen Augenblick, in dem wir uns jetzt gerade eine Zukunft imaginiert haben, können wir nicht fixieren: Zeit bedeutet Veränderung, und daher ist auch Zukunft – selbst die nächsten Stunden – immer anders, als wir es uns in diesem Moment vorstellen. Zukunft ist immer in Bewegung.

Weil die Zukunft immer eine Fiktion in unserem Kopf bleibt, können wir sie auch nie kennen, de facto bleibt sie für uns immer unbekannt. Wir können die Zukunft nie erreichen und nach unseren Wünschen fixieren. Dennoch sollten wir die Fähigkeit unseres Gehirns zur Vorstellung von Zukünften nicht geringschätzen oder abtun. Im Gegenteil: Wir sollten diese suggestive Kraft wertschätzen, verstehen – und nutzen. Begreifen wir Zukunft also als einen Raum in unserem Kopf, in dem wir gedanklich herumspazieren und die Möglichkeiten zur Gestaltung von Zukunft erkunden dürfen! Die einzige Grenze, die wir dabei erfahren, ist unsere eigene Vorstellungskraft.

BEWUSSTE ZUKUNFTSGESTALTUNG

Mit jeder Idee, die wir selbst von der Zukunft haben, beeinflussen wir unsere eigene Wahrnehmung, unser Denken – und damit auch ganz essentiell unser Handeln. Denn so, wie wir Zukunft denken, wie wir eine Haltung zu ihr einnehmen, so handeln wir auch.

Damit nehmen wir direkten Einfluss: Wir gestalten mit, wie die Gegenwart sich verändert – und wie die Zukunft wird. Wir tun also gut daran, die Wirkmacht unserer Vorstellungskraft tiefer zu verstehen und kompetent umzugehen mit den Zukunftskonstrukten in unseren Köpfen – um ihre Entstehung bewusster steuern und gestalten zu können.

Von entscheidender Bedeutung sind in diesem Prozess unsere Emotionen, unsere Beobachtung der Welt und unsere berechneten Prognosen. Zusammen steuern sie, wie sich in unseren Köpfen aus einzelnen Ideenfetzen ganze Bildwelten entwickeln: Visionen und Geschichten – Formen, in denen wir unsere inneren Zukunftswelten kommunizieren und damit von Mensch zu Mensch, von Geist zu Geist tragen können. Wir können uns gewissermaßen mit Zukunftsgedanken anstecken. Daraus entstehen kollektive Überzeugungen, geteilte Glaubenssätze – die wiederum ganze Massen zu Handlungen in dieselbe Richtung motivieren können.

ENTSCHEIDUNGEN FÜR DIE ZUKUNFT

Erst ein tiefes Verständnis dieser Zusammenhänge hilft uns, vorhandene Zukunftsmodelle gezielter und bewusster zu bewerten – und neue zu erschaffen. Die Zukunftsmodelle und -bilder, die wir als wünschenswert definieren, können wir dann bewusst verwenden, um unser Handeln zu motivieren und Entscheidungen in diese Richtung zu treffen.

Da sich die Zukunftsmodelle in unseren Köpfen jedoch nie nach der exakten Vorgabe erfüllen werden, ist es gut, sie auch ganz ablegen zu können – und der Zukunft immer wieder offen zu begegnen. Denn auch wenn die Zukunft immer anders sein wird, als wir sie uns heute vorstellen: Indem wir unser eigenes Zukunftsdenken verstehen und schärfen, können wir viel dafür tun, dass jene Zukünfte, die wir für erstrebenswert halten, wahrscheinlicher werden.

Indem wir unser eigenes Zukunfts-denken verstehen und schärfen, können wir viel dafür tun, dass jene Zukünfte, die wir für erstrebenswert halten, wahrschein-licher werden.

ZUKUNFT IST GEGENWART

Lebe Zukunft jetzt!

Zukunft gibt es nur in der Gegenwart – nämlich in unseren Köpfen. Sie ist das, für was wir sie in jedem gegenwärtigen Moment halten. Leben wir also nicht in der Zukunft, sondern mit ihr: im Hier und Jetzt.

THE FUTURE NEVER COMES

Menschen sind Zukunftswesen mit der Fähigkeit zur Antizipation: Unsere Hirne sind als „Prediktionsmaschinen" von der Evolution geformt worden, um uns vor Gefahren zu schützen oder Vorteile zu generieren. Gleichzeitig können wir Zukunft nicht wahrnehmen, weil sie immer in dem Moment, in dem wir sie erreichen, zur Gegenwart wird. „The future never comes", sagt ein melancholisches englisches Sprichwort. Wir können zwar vieles Zukünftige (voraus-)denken, aber nie dort sein und erfahren, wie wir uns dann tatsächlich fühlen und verändern werden.

In diesem Sinne erleben wir die Zukunft – wie auch die Vergangenheit – nie direkt, sondern immer nur als ein Konstrukt unseres Geistes: als eine Projektion in unserem Kopf, eine Fiktion in der Gegenwart. Gerade weil Zukunft deshalb ein Produkt unserer Gegenwart ist, lohnt es sich, ein bewusstes, reflektiertes Verhältnis zu dieser Gegenwart zu haben. Denn die Art und Weise, wie wir auf die Gegenwart schauen und uns in der Gegenwart bewegen, beeinflusst auch unseren Blick auf vergangene und künftige Zeiten.

Zukunft ist immer eine Fiktion in der Gegenwart.

GEFANGEN IM RADIKALEN JETZT

Um eine bewusste Betrachtung des Hier und Jetzt zu kultivieren, braucht es eine Art Gegenwartsgelassenheit: Nur wer eine allzu starke Fixierung auf die Gegenwart vermeiden kann, ist auch in der Lage, einen ungehetzten, weiten Blick auf die Zukunft zu werfen. Gelingt dies nicht, passiert das, was unsere rasende digitale Gegenwart kennzeichnet – die zugleich eine Schrumpfzeit ist: Die Wirklichkeit schnurrt auf einen einzigen glühenden Punkt zusammen, auf das radikale Jetzt.

Dabei wird der Ereignishorizont unserer hypermedialen Kultur auf eine ständige Befindlichkeitsübung reduziert: Was gibt es jetzt in diesem Moment gerade zu beklagen, zu befürchten, zu vermeiden, worüber kann ich mich aufregen? Unser Zeitgefühl wird strukturiert von einer Panik, die um irgendetwas kreist, was man morgen schon vergessen hat, und in der alles zum Shitstorm werden kann. Dann leben wir in einer Anomalie der Gegenwart, in der das Unbedeutende das Wichtige überlagert – und die Zukunft zu verschwinden droht.

FALSCHE FIXIERUNG AUF DIE VERGANGENHEIT

Wichtig für ein gelassenes Verhältnis zur Gegenwart ist ein gelassenes Verhältnis zur Zukunft und zur Vergangenheit: Es gilt, keinen imaginierten Zukünften nachzuhecheln – und keinen idealisierten Vergangenheiten nachzutrauern. Vor allem die Vergangenheit spielt hier eine relevante Rolle, schließlich konstruieren wir Zukunft oft aus abgelagerten Erinnerungen. Zum Problem wird das vor allem dann, wenn wir zu sehr auf die Vergangenheit fixiert sind. Kommen dann noch dystopische Bilder einer bedrohlichen Zukunft hinzu, wird die Sehnsucht nach einer vermeintlich besseren Vergangenheit immer größer, nach einem „Zurück zur Normalität“, oder nach Retro-Visionen wie „Make America great again“.

Sehen wir die Zukunft auf diese Weise in der Vergangenheit, berauben wir uns zugleich jeder Möglichkeit, sie anders und besser zu gestalten. Das gelingt erst, wenn wir lernen, uns für die Zukunft zu öffnen – als eine offene Imagination, ein Sich-Einlassen auf Neues. Der erste und entscheidende Schritt für eine solche Anverwandlung des Kommenden ist eine neue Präsenzkultur.

PRÄSENZ IN DER GEGENWART

Heute ist die Gegenwart nur selten ein Treffpunkt für echte Begegnungen: Häufig erleben wir Menschen, die zwar körperlich da, aber geistig weit weg sind. Zugleich hat sich in den vergangenen Jahren aber auch ein großer Gegentrend gegen dieses Ausblenden der Gegenwart etabliert: die Bewegung hin zu einer neuen Achtsamkeit. Im Zentrum steht dabei das Ansinnen, unser Bewusstsein auf neue Weise auf die Gegenwart auszurichten.

Der Achtsamkeits-Trend ist ein wichtiger Botschafter einer neuen Präsenzkultur. Achtsamkeit bringt uns in Berührung mit dem, was gerade hier und jetzt passiert, und mit den Menschen, die gerade hier und jetzt da sind. So können an die Stelle oberflächlicher Konversationen zunehmend intensive Begegnungen treten – und damit jene Art von Intensität, dem Leben zu begegnen, die als Sinn des Lebens gelten darf. Das Resultat dieser Intensität ist eine tiefe Verbundenheit zur Gegenwart.

Ein achtsames Ruhen im Gegenwärtigen ermöglicht eine offene Haltung gegenüber dem Zukünftigen.

DIE ZUKUNFT WAHRNEHMEN

Erst ein intensives Sich-Einlassen auf die Gegenwart, mit all ihren Facetten und Paradoxien, erzeugt jene Art von Wahrnehmung, durch die schließlich auch wirklich Zukünftiges erkannt werden kann. Der Ökonom und MIT-Professor Otto Scharmer hat dieses Momentum im Rahmen seiner „Theory U" als „Presencing" beschrieben. Dabei geht es um einen bewussten Prozess des Wahrnehmens, der über verschiedene Stufen hinweg ein holistisches Denken aktivieren kann.

Auch Scharmer hat festgestellt: Der übliche Zustand unserer Gedankenwelt ist selten das Jetzt, sondern meist das Gestern oder Morgen. Ihm zufolge ist unser Denken über die Welt daher meist ein hermetisches „Downloading" von bereits zuvor Gedachtem. Presencing bedeutet dagegen eine Präsenz im Hier und Jetzt, die einen besseren Umgang mit Chaos und Informationsvielfalt ermöglicht. Ein achtsames Ruhen im Gegenwärtigen – das dann wiederum eine offene Haltung gegenüber dem Zukünftigen ermöglicht. Ein vitales Zukunftsdenken.

LANGZEITDENKEN: DIE VERBINDUNG ZUM ZUKÜNFTIGEN

Um den Gegenwartsbezug nicht in eine Tyrannei des Jetzt abdriften zu lassen, in den Terror der Beschleunigung und die Verengung der Zeit auf den puren Erregungswahn, hilft eine entschleunigende Geistesübung: das Langzeitdenken. Analog zu vielen alten Kulturtechniken, von Meditation bis Kontemplation, übt auch das Langzeitdenken einen zeiterweiternden Charakter aus – indem es unsere Verbindungslosigkeit zur Zukunft aufhebt.

Die rasende Jetztzeit macht uns auf eine seltsame Art und Weise existenziell einsam, in unseren eigenen temporären Blasen lebend. Atmen, denken, fühlen wir also hinein in das, was uns mit Zukunft und Vergangenheit verbindet, weit über unsere Lebenszeit hinaus: Stellen wir uns vor, in 1.000 oder 10.000 Jahren würden immer noch Menschen leben, die sich fragen, was Leben und Zukunft eigentlich bedeuten. Menschen, die weiterhin hoffen, lieben, zweifeln und wünschen. Die immer noch sterblich sind – und deshalb auch angewiesen auf Zeit und Rhythmus, auf Verbundenheit.

Könnten wir mit diesen Menschen von heute aus in Verbindung treten, wäre die lange Zeit, die vor uns liegt, kein Abgrund – sondern eine Brücke. Dieses „Ahnendenken“ ist die Bewusstseinsstufe des „langen Jetzt“. Es überschreitet den Abgrund der Zeit und besteht im tiefen Erkennen, dass wir diejenigen sind, die die Zukunft verursachen. Dadurch wird unser Leben in einen anderen Kontext, eine reale Perspektive gestellt. Wir sind nicht mehr gefangen im rasenden Jetzt. Unsere Sterblichkeit wird relativiert. Und die Zukunft wird zu einem Möglichkeitsraum, auf den wir eine Wirkung haben.

DIE KRAFT DER REGNOSE

Diese besondere Art und Weise der Zukunftsbetrachtung, in der die Zukunft auf uns zurückwirkt, indem wir sie durch unsere Handlungen, Vorstellungen und Erwartungen selbst erzeugen, beschreibt auch die geistige Technik der Regnose. Im Gegensatz zur Prognose arbeitet die Regnose bewusst mit unserem „inneren Zukunftsverhältnis“: Wir benutzen unsere Imagination, um uns in eine Zukunft zu versetzen, die wir erforschen wollen.

Bei dieser Exkursion beobachten wir uns selbst – und erfahren so etwas über unsere innere Zukunft, über unsere Ängste und Hoffnungen, über unser Future Mindset. Darüber, wie wir die Zukunft in uns selbst „produzieren“. Durch die Regnose erfinden wir uns sozusagen in der Zukunft selbst. Und fragen uns dann: Wie sind wir eigentlich dorthin gekommen? Auf diese Weise wird die Schicksalshaftigkeit der Zukunft aufgebrochen. Wir gelangen in Beziehung zum Kommenden. In eine Verbindung mit dem Morgen – im Hier und Jetzt.

Zum Weiterlesen:

ZUKUNFTSREPORT 2022

In seinem Jahrbuch für gesellschaftliche Trends und Business-Innovationen analysiert Matthias Horx mit ausgewählten Experten und Zukunftsforscherinnen die prägendsten Entwicklungen unserer Zeit und liefert gewohnt provokante Thesen, die neue Perspektiven auf die Welt eröffnen.

ZUKUNFT IST VERÄNDERUNG

Sei Teil des Wandels!

Zukunft ist kein Ziel, das wir jemals erreichen werden, sondern ein Prozess der beständigen Entwicklung. Während wir uns auf die Zukunft zubewegen, verändert sie sich selbst immer auch mit.

DER WEG IST DAS ZIEL

Die Zukunft ist kein fester Zustand, kein statischer Fixpunkt, sondern sie ist ständig in Bewegung. Sie ist ein Prozess, der aus Übergängen besteht. Diese Übergänge zu meistern fällt den meisten Menschen schwer – allzu fixiert sind wir auf Ergebnisse und Ziele, die durch ein klares Ende definiert sind. Statt Gestaltung als offenen Wandel zu verstehen, lernen wir vor allem das Gegenteil, von der Bildung bis zur Arbeitswelt: das Denken in festen Rahmen und Gesetzen, in Kästchen und Stabilitäten. Auf beständige Veränderung und wiederkehrende Übergänge werden wir dagegen nur an wenigen Punkten im Leben vorbereitet.

Oft wird das Potenzial, das im Wandel steckt, sogar verschwendet: Wir verpacken es als schlechte Nachricht, als „Wir müssen uns jetzt anstrengen"- oder „Wir müssen das jetzt irgendwie schaffen"-Appelle, und denken dabei in Bauchschmerzen verursachenden Phrasen wie „nötige Reformen" oder „digitale Transformation". Übergänge erscheinen dann eher als ein notwendiges Übel, das es zu überwinden gilt, um vom zuletzt noch sicheren Zustand A in einen neu fixierten, sicheren Zustand B zu kommen.

Zukunft ist kein fester Zustand, sondern ständig in Bewegung.

TRANSITIONEN: DIE MACHT DER KLEINEN SCHRITTE

Gerade der überstrapazierte Begriff der „digitalen Transformation" zeigt deutlich, wie die Fixierung auf einen künftigen Zustand die eigentlich notwendige Arbeit am Wandel erschwert. Das gilt im Grunde für alle Transformationen: Sie zielen vor allem auf veränderte Zustände – und weniger auf die Prozesse, die das Erreichen dieser Zustände produktiv vorantreiben. Das gilt umso mehr, je unklarer und ungewisser „die Zukunft" erscheint. Im Endeffekt kann dann sogar das eintreten, was der Soziologe Zygmunt Bauman „Retrotopia" genannt hat: Die Transformationen unserer Zeit wirken so gewaltig, dass wir uns am Vergangenen orientieren. Wir sehnen uns nach dem Gestern. Wir transformieren rückwärts.

Wie aber lässt sich der Wandel in Worte fassen, ohne ihn durch den Begriff „Transformation" von vornherein auszubremsen? Hierfür bietet sich der Begriff „Transition" an. Er zeigt, dass es darum geht, an den Übergängen anzusetzen, aus denen jede Transformation besteht. Denn Übergänge implizieren kein Ziel, keinen Endpunkt, sondern im Gegenteil: Sie bilden eine Vielzahl von Startpunkten, die bewusst aktivierbar sind als Ursprünge für eine mögliche Zukunft. Und weil Transitionen deutlicher und klarer sind als Transformationen, bieten sie zugleich konkrete Ansatzpunkte zum praktischen Loslegen: die Strategie der vielen kleinen Schritte anstelle eines einzigen Transformationssprungs, der so groß ist, dass man ihn gar nicht erst anzugehen wagt.

KRISEN SIND AUFRUFE ZUR VERÄNDERUNG

Eine wichtige Rolle für Übergänge zum Zukünftigen – und für den gesellschaftlichen Wandel insgesamt – spielen Krisen. Denn eine Krise ist nie ein absolutes Ende, sondern stets ein Übergang zu etwas Neuem, zu einem weiteren Zyklus. So schmerzhaft und kränkend Zusammenbrüche und Krisen sind, so eröffnen sie immer auch neue Spielräume. In einer Welt der multiplen Krisen ist diese Form des Krisenverständnisses besonders heilsam, da sie im Kontrast zur apokalyptischen Endzeitstory steht: Nach der Krise ist nicht der Abgrund, sondern der Aufbruch, die Chance.

Die Tatsache, dass wir in vielen Bereichen unserer Welt in Einbahnstraßen feststecken – von der Wachstumsfixierung unserer Finanzsysteme bis zur Abhängigkeit von fossilen Brennstoffen –, kann Panik vor dem Zusammenbruch auslösen. Sie kann aber auch eine positive Botschaft enthalten: Wir sind aufgerufen, wieder zu Pionieren zu werden. In diesem Sinne sollten wir Krisen als das lesen, was sie sind: ein Aufruf, neue Wege zu gehen.

WANDEL IN ZYKLISCHEN PHASEN

Dieses „krisenaffine" und „konstruktivistische" Zukunftsverständnis kennzeichnet auch das Modell des Adaptive Cycle (siehe Grafik). Es veranschaulicht die vier zentralen Lebens- und Erneuerungsphasen von Systemen (psychischen, sozialen und natürlichen):

- → die Phase der Freisetzung und des Loslassens
- → die Phase der Kreation und des Erkundens
- → die Phase der Expansion und des Wachstums
- → die Phase der Kontrolle und des Erhaltens

Die Resilienz eines Systems – also die Fähigkeit, mit Veränderung konstruktiv umgehen zu können – ergibt sich daraus, all diese Phasen immer wieder aufs Neue zu durchlaufen. Damit bildet das Modell zugleich eine Art Landkarte für die Selbstreflexion: Es hilft zu verstehen, welche Phase des Wandels als nächstes auf uns zukommt.

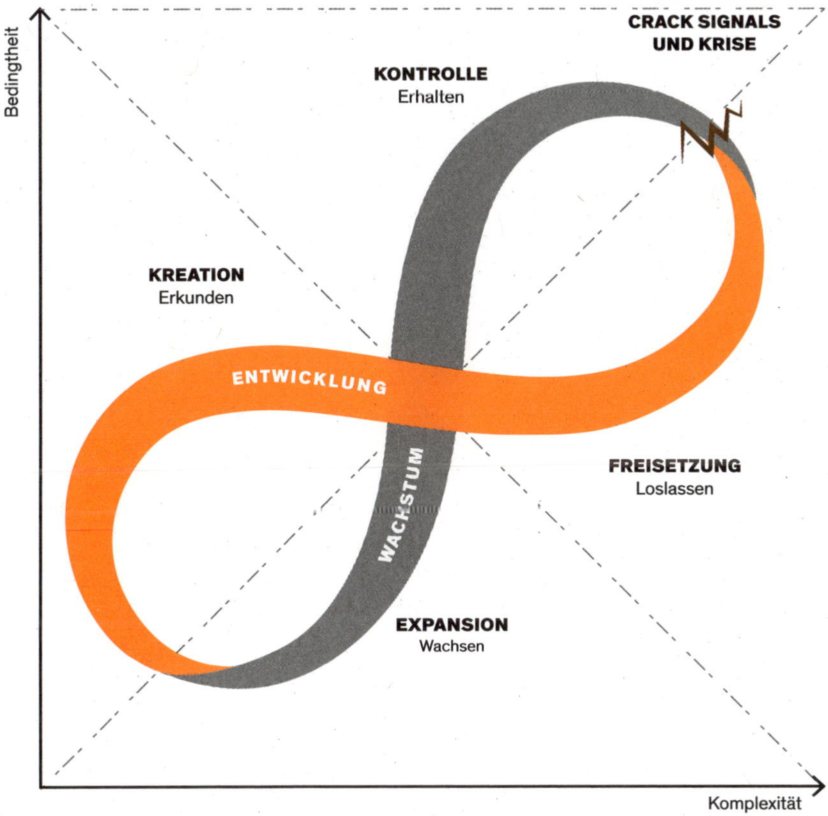

Adaptive Cycle – die vier Phasen des Resilienz-Zyklus

Auch hierbei fällt auf: Die Krise ist inhärenter Bestandteil des Wandels. Sie ist nicht vermeidbar oder verhinderbar – aber sie ist durch bewusstes Anpassungsverhalten bewältigbar. Auch die Corona-Krise markierte einen solchen Umschaltpunkt des evolutionären Prozesses: Alle Menschen waren plötzlich gleichzeitig gezwungen, Altbekanntes loszulassen und neue Wege zu gehen. Das eröffnete bei allem Leid eine seltene Gelegenheit, fundamentale Veränderungen in der Gesellschaft neu zu gestalten. Nach der Krise, so zeigt der Adaptive Cycle, ist der beste Moment und der ideale Nährboden, um innovative Ideen zu entwickeln, gesellschaftliche Visionen zu formulieren und sich für utopisch anmutende Ideen einer besseren Welt einzusetzen.

Nach der Krise ist der beste Moment, um sich für gesellschaftliche Visionen einer besseren Welt einzusetzen.

TRENDS: BEWEGUNG UND GEGENBEWEGUNG

Auch Trends lassen sich auf diese Art und Weise verstehen: Sie bezeichnen keinen fixen Zustand in der Zukunft, sondern sie beschreiben einen Wandel: eine sichtbare Veränderung in der Gesellschaft in eine bestimmte Richtung – jedoch ohne eine geradlinige Entwicklung oder ein finales Ziel. Wie aber verläuft dieser Wandel dann? Trends erzeugen zwangsläufig immer auch Gegenbewegungen: rekursive Entwicklungen, die dem eigentlichen Trend auf den ersten Blick zu widersprechen scheinen. Bei näherer Betrachtung erweisen sich diese Gegenbewegungen oft als „Retro-Trends", manchmal sind sie aber sogar mächtiger als der Ursprungstrend. Ihre Kombination wiederum erzeugt eine neue Qualität der Entwicklung.

Auf diese Weise entsteht aus Trend und Gegentrend, möglicherweise nach einer Krise, stets etwas Drittes, eine neue Bewegung, die die vorherigen Widersprüche in sich vereint und damit auf eine höhere Komplexitätsstufe springt. Die Dialektik von Trend und Gegentrend verdeutlicht: Was auf den ersten Blick paradox wirkt und scheinbar widersprüchliche Strömungen kennzeichnet, sind oft zwei Seiten einer Medaille.

Trends bleiben nicht stehen, sie sind immer in Bewegung, die Gesellschaft treibt sie in ihrer ständigen inneren Evolution an. In diesem evolutionären Prozess liegt der Schlüssel zur Zukunft – und der „Sinn" von Krisen: Wandel erwächst aus der Integration von Paradoxien durch neue Synthesen. Aus der Aufhebung von Widersprüchen, hin zu einer höheren Komplexitätsebene.

MEGATRENDS ALS WEGWEISER VON WANDEL

Diese Entwicklungen sind auch innerhalb von Megatrends sichtbar: Megatrends sind die größten Treiber von Wandlungsbewegungen. Sie erzeugen epochale Veränderungen, indem sie alle Aspekte von Wirtschaft und Gesellschaft maßgeblich beeinflussen – nicht nur kurzfristig, sondern auf mittlere bis lange Sicht. Megatrends entfalten ihre Dynamik über Jahrzehnte, können aber auch die Grundlage für vergleichsweise schnelle Durchbrüche im Kulturellen, auf Märkten und für Disruptionen sein. Als Tiefenströmungen des Wandels formen sie langfristig gesamte Gesellschaften um und zwingen auch in der Wirtschaft ganze Branchen dazu, ihre Strukturen und Geschäftsmodelle neu auszurichten.

Megatrends sind Cluster von kleineren Trends, in denen verschiedene Wandlungsbewegungen zusammenfinden – technologische, soziale und ökonomische. Sie sind daher niemals eindimensional. Ihre tiefen und vielfältigen Verankerungen in gesellschaftlichen und wirtschaftlichen Strukturen und deren Veränderungsdynamiken geben eine Entwicklungsrichtung vor. Eine Orientierung im permanenten Wandel.

Die Kenntnis von Veränderungsdynamiken gibt eine Orientierung im permanenten Wandel.

Zum Weiterlesen:

MEGATREND-DOKUMENTATION

Wie verändert sich Gesellschaft? Welche Kräfte sorgen für globalen Fortschritt? Was sind die Herausforderungen und Chancen der kommenden Jahre? Die Megatrend-Dokumentation liefert Antworten auf diese Fragen und präsentiert die zentralen Auswirkungen der zwölf Megatrends, mit denen das Zukunftsinstitut arbeitet.

ZUKUNFT IST UNGEWISSHEIT

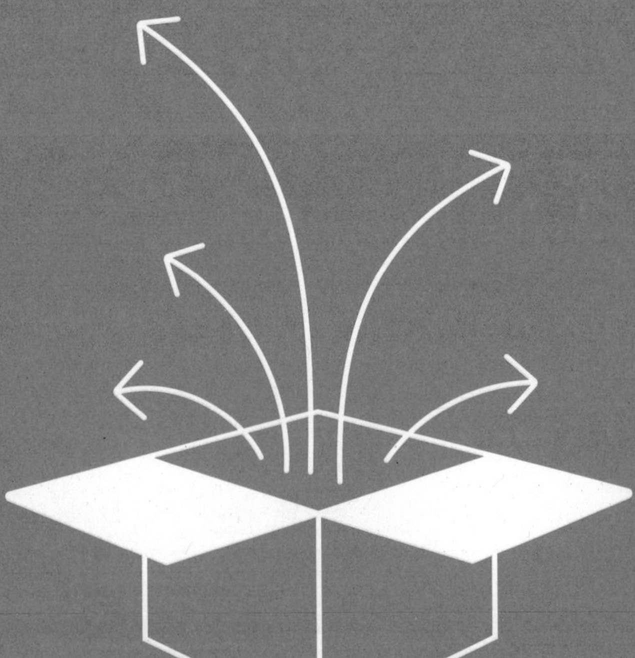

Umarme die Unsicherheit!

Zukunft wird niemals ganz genau so eintreten, wie wir sie uns heute vorstellen. Trotz unserer Wünsche, Hoffnungen und Planungen bleibt sie für uns stets ungewiss – sie bleibt letztlich immer offen und unverfügbar.

LEBEN IN VERUNSICHERTEN ZEITEN

Wir leben in einer Zeit, in der es uns schwerfällt, konstruktiv über Zukunft nachzudenken. Das 21. Jahrhundert ist geprägt von tiefgreifenden Wandlungsprozessen und globalen Krisen – von Finanz- und Flüchtlingskrisen über Corona-Pandemie und Ukraine-Krieg bis zur kontinuierlichen Superkrise der Klimakatastrophe. Die Folge ist eine global empfundene Unsicherheit. Zusätzlich vorangetrieben wird sie durch extreme und medial verstärkte Zukunftsbilder, die vor allem eins bedienen: Angst.

Viele der dazugehörigen Zukunftsbilder fallen in die Kategorie „Retrotopia", wie sie der Soziologe Zygmunt Bauman getauft hat: Eine brennende Sehnsucht nach der guten alten Vergangenheit lässt uns um ein archaisches Feuer tanzen, rund um beängstigende Ideen wie Nation, Identität und das Überlegenheitsprinzip. Das entgegengesetzte Extrem ist die „Technotopia"-Vision: die Utopie einer Zukunft, in der so gut wie alle Probleme technologisch gelöst werden. Beide Zukunftsbilder, Retrotopia wie Technotopia, sind Zukunftsklischees, voller Spekulation und überhöhter Emotion, faktisch kaum haltbar. In einem Wort: Erlösungsfantasien.

Zukunft wird nie genau das sein, was wir uns von ihr gedacht haben.

FIXE VORSTELLUNGSWELTEN

Warum aber lassen wir wir uns von solchen kollektiven Visionen derart in den Bann ziehen? Weil uns die Zukunft, wie sie wirklich wird, immer verschlossen bleiben wird. Wir können nur unsere Vorstellungen von ihr haben, wissen aber gleichzeitig, dass Zukunft nie genau das sein wird, was wir uns von ihr gedacht haben. Dass wir mit Überraschungen konfrontiert sein werden, die wir nicht vorhersehen können, positive wie negative. Diese Unsicherheit versetzt uns in eine emotionale Aufregung, in der wir uns an alles klammern, was scheinbar Sicherheit vermittelt: fixe Vorstellungswelten, die möglicherweise unsere größten Hoffnungen oder Ängste bedienen, das Schlimmste oder Beste vorwegnehmen – und uns deshalb auch so determiniert erscheinen. Indem wir alle vorstellbaren Überraschungen schon vorwegnehmen, meinen wir unser Unwissen über die Zukunft verkleinern zu können.

Unser Gehirn hilft uns bei diesem Mechanismus, denn es will Komplexität klein halten und Energie sparen. Wahrnehmungen werden daher standardmäßig zunächst von unseren inneren Modellen geprägt und weniger von dem, was wir tatsächlich sehen, solange keine äußeren Erfahrungen fundamental dagegensprechen. Dieses tendenzielle Ausblenden von Informationen, die unseren Zukunfts- und Weltmodellen widersprechen, ist der sogenannte „Confirmation Bias". Der „Availability Bias" bezeichnet dagegen die Tatsache, dass unser Hirn auf „schnell erreichbare" Bilder zurückgreift, wenn es Phänomene in Bezug auf die Zukunft interpretiert – als Zukunft gilt daher immer schnell das Drastische, Sensationelle oder das besonders Komfortable, „Automatische". Die Zukunftsszenarien, die auf diese Weise entstehen, beruhen immer auf einfachen linearen Verlängerungen des Denkens.

UNGEWISSHEIT IM ZEITALTER DER ALLVERFÜGBARKEIT

Dass wir Zukunft nie kennen können, weil sie nur in unserem Kopf existiert, ist eigentlich klar. Dennoch sind wir immer wieder versucht, dieses Wissen zu verdrängen und in der Welt nach Sicherheiten zu suchen. Dies gilt insbesondere in der heutigen Zeit, in der wir meinen, wir könnten uns die gesamte Welt verfügbar machen: Weil die Zukunft für uns aber unverfügbar bleibt, verfallen wir wiederum schneller dem Glauben, sie sei sowieso schon geschrieben – und wir ihr ausgeliefert.

Dabei würde uns ein besserer Umgang mit Unsicherheit helfen, unser Unwissen über das, was in Zukunft sein wird, anzunehmen und als etwas Gutes zu sehen. Denn wäre die Zukunft genau das, was wir uns heute von ihr vorstellen – wäre dann wirklich alles gut? Ist nicht jeder Versuch, die Zukunft zu prognostizieren, im tiefsten Sinne kontraproduktiv? Diese Frage stellt auch Nassim Taleb in seinem Buch „Antifragilität“: Wer fragil ist, so Taleb, sei dazu angehalten, immer einem ganz genau geplanten Kurs zu folgen – eben deshalb müsse das Fragile immer sehr „voraussagend“ sein. Aber: Je mehr wir versuchen, die Zukunft möglichst exakt „vorauszusehen“, umso wahrscheinlicher scheitern wir. Und je mehr wir den Zufall als Teil des Zukunftsprozesses negieren, desto schwächer sind unsere Anpassungsfähigkeit und Evolutionskompetenz.

Was wir daher dringend benötigen, ist eine andere Bewertung von Unwissenheit und Unsicherheit. Denn wirklich zukunftsfähig sind wir erst dann, wenn wir über eine „robuste Fragilität“ verfügen. Wenn wir unsere Adaptivität an die Zukunft erhöhen, indem wir uns dem Fluss der Zeit öffnen und ständig neue Fragen an uns und unsere Umwelt stellen: Wer sind wir, und wo wollen wir hin? Ist das, was wir bislang dachten, auch morgen noch richtig? Das erfordert einen ganz neuen, konstruktiven Umgang mit Ungewissheit.

Sicherheit ist kein statischer Zustand, sondern ein dynamischer Prozess.

UNSICHERHEIT NEU VERSTEHEN

Wir können und sollen dabei unser Grundbedürfnis nach Sicherheit nicht verneinen und verdrängen. Dieses Grundbedürfnis ist im 21. Jahrhundert besonders strapaziert, da sich unsere Welt schneller denn je verändert und die globalen Zusammenhänge und Abhängigkeiten so komplex geworden sind, dass wir sie nicht mehr überschauen können. Aber Sicherheit ist nicht identisch mit Kontrolle, Steuerbarkeit und Eindeutigkeit – auch wenn uns diese Denkweise noch immer prägt. Tatsächlich ist Sicherheit kein statischer Zustand, sondern ein dynamischer, kontinuierlicher Prozess: etwas, das ständig neu ausgehandelt und aufgebaut werden muss, individuell und gesellschaftlich.

Dass unser bisheriges gelerntes Verständnis von Sicherheit nicht mehr trägt, haben uns auch die Krisenerfahrungen der vergangenen Jahre gezeigt. Die kollektive Erfahrung des Unvorhersehbaren und der eigenen Verwundbarkeit macht klar, dass wir Adaption neu lernen müssen. Eine zentrale Voraussetzung dafür ist der endgültige Abschied vom alten, linearen Denken, das in viele Sackgassen geführt hat – und der Aufbau eines erweiterten Verständnisses für das, was Sicherheit in einer sich schnell wandelnden Umwelt heißen kann. Diese Kompetenz im Umgang mit Unsicherheit tragen wir bereits in uns: Dem Menschen ist eine hohe Adaptionsfähigkeit eingeschrieben – wir müssen sie nur wieder neu entdecken.

RESILIENZ ALS UNSICHERHEITSKOMPETENZ

Für die Fähigkeit, konstruktiv mit Unsicherheit umzugehen, gibt es ein treffendes Wort: Resilienz. Resilienz bezeichnet die Fähigkeit, akute Krisen oder Rückschläge annehmen zu können – und sich an neue, veränderte Rahmenbedingungen anzupassen. Entscheidend ist dabei ein dynamisches Zusammenspiel zweier Faktoren: Flexibilität (Beweglichkeit, Offenheit, Kreativität) und Stabilität (Identität, Sicherheit, Verlässlichkeit). Ohne Flexibilität fallen Veränderung und Anpassung schwer, ohne feste Verwurzelung bleibt Beweglichkeit ein richtungsloses Mitschwimmen im Strom. Erst die kluge Kombination von Stabilität und Flexibilität, von Regulierung und Dynamisierung, schafft systemische Resilienz.

Menschen verfügen generell über hohe Resilienzpotenziale: Wir sind grundsätzlich in der Lage, unsere innere Stabilität auf vielfältige Art und Weise (wieder-)herzustellen. Wir sind fähig, uns dynamisch anzupassen, uns selbst zu verändern, ohne uns dabei zu verlieren – denn mit jeder Anpassung finden wir zu neuer, an die Situation angepasster Stabilität zurück. Um diese Potenziale aber zu aktivieren und auszuschöpfen, braucht es einen Perspektivwechsel: ein Mindset, das Ungewissheit und Unsicherheit immer auch als Chance begreift. Nur so kann auch das bisher Undenkbare in die Welt gelangen – offen, flexibel und zukunftsmutig.

Erst die kluge Kombination von Stabilität und Flexibilität, von Regulierung und Dynamisierung, schafft systemische Resilienz.

Zum Weiterlesen:

TRENDSTUDIE

ZUKUNFTSKRAFT RESILIENZ

GEWAPPNET FÜR DIE ZEIT DER KRISEN

Die Trendstudie „Zukunftskraft Resilienz“ widmet sich dem Zeitalter der Krisen und eröffnet die Perspektive auf einen Paradigmenwechsel hin zu einem neuartigen, evolutionär-dynamischen Verständnis von Sicherheit. Im Kontext einer global vernetzten Welt helfen neue Resilienzprinzipien, Krisen zu bewältigen – individuell wie kollektiv.

ZUKUNFT IST
MÖGLICHKEIT

Erkunde die Potenziale!

Zukunft ist noch nicht geschrieben, sondern ein Raum voller Möglichkeiten: ein Explorationsraum, den wir mit unserer Kreativität erschließen. Zukunft kann alles sein, was wir in der Lage sind uns vorzustellen.

ZUKUNFT IST EIN MÖGLICHKEITSRAUM

Zukunft ist nicht determiniert – und daher auch nicht vorhersehbar. Begreifen wir Zukunft als gedanklichen Raum für das, was noch nicht ist, stehen wir jedoch nicht einfach vor einem gähnenden schwarzen Loch voller Nichts. Sondern wir können diesen Raum füllen: mit Ideen von einem „So-könnte-es-Sein", mit unserer Kreativität. Wir können ihn begreifen als Raum voller Möglichkeiten, als Explorations- und Gestaltungsraum.

Zukunft als Möglichkeit zu denken, das bedeutet: Potenziale zu suchen, fantasievoll zu sein, alternative Vorstellungen zu entwickeln. Es heißt, Zukunft nicht fixieren zu wollen, sondern in der Gegenwart festzustellen, welche Optionen wir haben, um daraus dann Möglichkeitsräume zu konstruieren. Möglichkeiten sind diffus und offen, sie erzeugen einen Kontext, einen Denkraum. Indem wir Möglichkeitsräume schaffen, erweitern wir unser Denken und unsere Freiheit.

ANNÄHERUNG AN DAS VORSTELLBARE

Häufig treffen wir diese Räume in der Kunst an. Die „Star Trek"-Filme und -Serien spielen beispielsweise in einer fiktiven Zukunft. Als Zuschauer staunen wir über die Kreationen und gleichen das Gesehene mit unseren Erfahrungen ab. Dadurch erweitern wir unseren Möglichkeitsraum: Werden wir in einer kommenden Zeitepoche in Raumschiffen per Lichtgeschwindigkeit durchs Weltall rasen? Jedenfalls können wir es für möglich halten.

Man könnte meinen, die „Star Trek"-Autoren hätten damit zufällig auch Teile der Zukunft vorhergesehen. Die Kommunikatoren beispielsweise erinnern uns an das, was wir heute Handy nennen. Aber haben die Autoren wirklich die Zukunft vorhergesagt – oder haben sie erst einen Möglichkeitsraum für Handys geschaffen, indem sie sie als Vorstellung in die Welt brachten? Die Antwort auf diese Frage liegt genau in der Mitte. In der Fantasie malt sich ein Autor eine Zukunft aus und dockt diese an die heutigen Lebensbedingungen an. Menschen haben schon lange telefoniert und dafür immer Kabel gebraucht. In „Star Trek“ konnten sie den Kommunikator ohne Kabel benutzen – eine Möglichkeit, die potenziell vorstellbar war.

Möglichkeitsräume handeln mit Potenzialen. Welche der Möglichkeiten sich aber realisieren wird, kann niemand mit Sicherheit sagen. In vielen Fällen macht es auch gar keinen Sinn, aus den Möglichkeiten Wahrscheinlichkeiten ableiten zu wollen. Dennoch helfen uns Theorien und Vorstellungen des Möglichen bei der Annäherung an eine per se unbekannte Zukunft.

Indem wir Möglichkeitsräume schaffen, erweitern wir unser Denken und unsere Freiheit.

INTUITION FÜR POTENZIALE

Um Zugang zu finden zum Raum der Möglichkeiten, braucht es einen ausgeprägten Sinn für Beobachtung, frei von Wertung und Kommentaren. Das ist anspruchsvoll in einer Welt, die dauernd zum Bewerten und Kommentieren einlädt. Aber das Noch-nicht-Wissen lässt sich nur erschließen durch das Vermeiden von schnellen Wertungen – und das Denken in Zusammenhängen. Bewerten wir eine Situation zu schnell, drehen wir uns um, sind enttäuscht, sehen die Zusammenhänge nicht. Es sind die Kontexte, die uns helfen, eine Situation gedanklich einzuordnen: Welche Arten von größeren Zusammenhängen können wir sehen? Lassen sich daraus Rückschlüsse ziehen auf das, was wir gerade beobachten?

In diesem Sinne setzt das Wahrnehmen und Erkennen von Möglichkeiten einen Geist voraus, der offen ist für Unvorhersehbares, Überraschendes. Der achtsam ist für zufällige Entdeckungen. Möglichkeiten sehen zu können, heißt: noch nicht zu wissen – aber eine Intuition für Potenziale zu haben, eine Art Bauchgefühl. Im Erkennen von Potenzialen treffen Denken und Fühlen zusammen.

Das Wahrnehmen und Erkennen von Möglichkeiten setzt einen Geist voraus, der offen ist für Überraschendes.

INSPIRATIONSQUELLE KREATIVITÄT

Der für Möglichkeiten offene Geist ist der kreative Geist, der sich frei bewegen darf, ohne etwas leisten oder erfüllen zu müssen. Kreativität entsteht dann, wenn wir aus unserer intrinsischen Motivation heraus unsere Gedanken und Fantasie wandern lassen, um neue und andere Bilder zu entwerfen von unserer Welt und wie sie sein könnte. Kreativität heißt, die Wahrnehmung zu verändern, anders und neu auf Bekanntes und Selbstverständliches zu blicken.

Kreativität ist Neugier, Fantasie, die Vorstellung einer besseren Zukunft, Gesellschaft, Wirtschaft. Sie stellt unsere Lebensformen in Frage: Braucht es künftig eine eigene Wohnung, ein eigenes Auto? Wollen wir 40 Stunden in der Woche vor einem Bildschirm sitzen, müssen wir von einem Business-Termin zum nächsten mit dem Flieger jetten? Und warum arbeiten wir überhaupt? Welche alternativen Beziehungsformen gibt es? Wer will in Zukunft noch Geld verdienen? Hier entfaltet die menschliche Kreativität ihren tieferen Sinn, nämlich: Gesellschaft zu hinterfragen. Kreativität schafft lose Skizzen von möglichen Zukünften. Ideen, wie wir künftig leben wollen – frei von Regelwerken.

NICHT DAS NEUE ZÄHLT, SONDERN DAS ANDERE

Kreativität erzeugt nicht einfach das ständig Neue, sondern vor allem das fantasievolle Andere. Sie dekonstruiert Realität und öffnet den Blick für alternative Entwürfe von Wirklichkeit und andere Wege in die Zukunft. Kreativität ist also nicht einfach eine von vielen Methoden, Neues in die Welt zu bringen, sondern ein Modus der Realitätsverarbeitung – der immer die Tür offen lässt für weitere Perspektiven und Uminterpretationen von dem, was wir bisher für selbstverständlich hielten.

Deshalb bedeutet Kreativität eben nicht das Erfinden einer kurzlebigen Innovation, die drei Monate den Umsatz von Unternehmen sichert und danach wieder in der Versenkung verschwindet – auch wenn die Wirtschaft uns dies glauben machen will und Instrumentalisierungsversuche in diese Richtung unternimmt. Die Bedeutung menschlicher Kreativität ist viel größer als das: Sie ist die Triebfeder kultureller und damit gesellschaftlicher Entwicklung.

Die gesamte Kulturgeschichte des Menschen ist durch seine Erfindungen und Entdeckungen vorangetrieben, durch seine Kreativität, durch seine Lust an der Zukunft. Daher lebt Kreativität auch von der Offenheit für den Zufall: von der evolutionären Erkenntnis, dass organisches Wachstum nicht ohne spontane kreative Mutationen, Variationen und Rekombination möglich ist.

KONSTRUKTIVE IRRITATION

Kreativität ist damit auch notwendigerweise ein Störfaktor, eine Gegenkultur, die alternative Realitäten erzeugt und gewohnte Weltbilder anficht. Sie dekonstruiert bestehende Ordnungen, sie ringt der Wirklichkeit eine neue Facette ab, kratzt an alten Glaubenssätzen, lässt sie vielleicht sogar zusammenfallen. Diese andere Perspektive auf Realität kann umwälzend sein und alles verändern. Das trifft auf Kopernikus' heliozentrisches Modell des Kosmos ebenso zu wie auf die Entdeckung, dass unsere Welt und wir selbst von unvorstellbaren Mengen an Kleinstlebewesen bevölkert sind: Mikroben waren einst eine völlig irrsinnige Idee – heute sind sie Teil unseres Weltbildes und Grundlage für unzählige Behandlungsmethoden in der Medizin.

Solche mutigen Ideen, die neue Möglichkeitsräume erschließen, setzen Raum für freies kreatives Denken voraus. Für störrische und mutige Geister. Für eine Kreativität, die nicht unmittelbar an ökonomischen Erfolg geknüpft ist. Eine Kultur ohne Kreativität bedeutet Stillstand – und Stillstand ist das Ende gesellschaftlicher Entwicklung. Gerade Krisen mit ihrem Außerkraftsetzen von bisher als selbstverständlich wahrgenommenen Regeln und Strukturen schaffen Freiräume für kreatives Denken und Handeln. Sie treiben die freie, nicht an wirtschaftliche Zwecke gebundene Kreativität voran – und damit den soziokulturellen Wandel.

Wandel bedeutet dabei nicht unbedingt gleich Fortschritt, sondern vor allem: Veränderung. Kreativität hilft uns als Menschheit dabei, auch diese unwägbaren Situationen zu meistern – indem sie Möglichkeiten schafft, Zukunft zu gestalten. Und was wir für möglich erachten, kann sich durch unser Tun realisieren.

Zum Weiterlesen:

TRENDSTUDIE

FREE CREATIVITY

WIE WIR DIE WELT VERÄNDERN KÖNNEN

Die Trendstudie „Free Creativity“ setzt sich kritisch mit der vermeintlichen Allzweckwaffe Kreativität auseinander. Die Publikation entwirft Zukunftsbilder, in denen Kreativität nicht mehr als Heilsbringer aller Probleme fungiert, sondern als freie gestalterische Kraft genutzt wird.

ZUKUNFT IST HALTUNG

Glaube an die Zukunft!

Unsere Haltung gegenüber der Zukunft entscheidet, wie wir mit ihr umgehen. Nur wenn wir an die Zukunft glauben, wenn wir an eine bessere Zukunft glauben, haben wir einen Anreiz, uns mit ihr zu beschäftigen.

WIE HALTUNGEN UNS BEEINFLUSSEN

Unser Denken und Handeln beeinflusst, wie die Welt sich verändert und Zukunft entsteht: Unsere Annahmen über Zukunft, unser Glaube an eine bestimmte Zukunft, unsere Überzeugungen – all das motiviert uns zu Handlungen, die den Lauf der Dinge in eine bestimmte Richtung lenken. Besonders gut lässt sich das an gesellschaftlichen Bewegungen beobachten, seien es Bewegungen der Hysterie, der Angst und der Massenpanik oder auch Wellen der Solidarität und des Mitgefühls. Diese Bewegungen entstehen, wenn Menschen einen bestimmten Glauben teilen.

Das Wissen um diese Macht geteilter Überzeugungen macht es umso wichtiger, unterscheiden zu können: Nehmen wir gerade eine Haltung ein, weil sie gesellschaftlich vorherrschend ist – oder vertreten wir unsere ganz eigene Haltung? In einer Zeit, in der große Umbrüche und Veränderungen an der Tagesordnung sind, verschwimmt oft der eigene Blick auf die Zusammenhänge und auf das, was Zukunft sein kann. Im Großen wie im Kleinen spüren wir, wie Krisen und Kriege ihr katastrophales Potenzial entfalten – und dabei auch unseren eigenen Standpunkt verunklaren.

Gerade in Krisenzeiten führt das pure Sammeln von zusammenhanglosen Ereignissen zu tiefen Irritationen – und zum Versagen sowohl der äußeren wie auch der eigenen Weltdeutung. Ohne klar erkennbare Konturen können wir uns nicht orientieren. Wir brauchen Unterscheidungen, an denen wir unsere Haltung ausrichten können. Fehlt diese klare Sicht, können wir auch keinen konstruktiven Zugang zur Zukunft finden. Um uns orientieren zu können, brauchen wir daher ein erhöhtes Bewusstsein für unsere ganz persönliche Weltwahrnehmung und unsere Haltung zur Welt. Eine Haltung, bei der wir uns frei machen können gegenüber den äußeren Einflüssen und Kontexten – und uns selbst treu bleiben können.

DIE EIGENE HALTUNG FINDEN

Die radikale Orientierung am „Mit-sich-Sein“ wird zur Essenz der eigenen Haltung. Das bedeutet eine Refokussierung auf die Quelle der Wahrnehmung von Welt und Zukunft im eigenen Innen – denn nur dort kreieren wir Zukunft. Nicht das Außen erzeugt die Wirklichkeit, die wir wahrnehmen, sondern das Innen. Orientiert man sich an dieser Maxime, kann man für das Außen unbequem werden und als widerborstig, störrisch, unfügsam gelten. Wer sich selbst nahekommt, passt nicht mehr in die Schubladen der Welt. So mag es auch einer Greta Thunberg im ersten Moment ergangen sein.

Die Dauerablenkung der Unterhaltungsindustrie, die Unterdrückung der eigenen Kreativität im Bildungssystem, die maschinenhafte Funktionserwartung in der Wirtschaft: All das wirkt nicht mehr, wenn man mit sich ist. Die Basis dafür ist, die Welt so sein zu lassen, wie sie ist – und sie dennoch progressiv weiterzudenken. So können wir auch die Weichen stellen für unsere Haltungen und Handlungen. Als Beitrag zu Zukunftsentwicklungen, für die wir stehen und einstehen wollen.

Die radikale Orientierung am „Mit-sich-Sein“ wird zur Essenz der eigenen Haltung.

Alles, auch jede Krise, ist eine Chance, um die Zukunft zu verbessern.

KRITISCHER ZUKUNFTSOPTIMISMUS

Welche generelle Haltung zur Zukunft und zu Zukunftsfragen und -vorstellungen kann uns helfen? Das Zukunftsinstitut plädiert hier für einen kritischen Zukunftsoptimismus, der im Kern ein positives Grundbekenntnis zur Zukunft beinhaltet: Nur wer zunächst an Zukunft generell als ein wirksames Gedankenmodell glaubt, mit dem die Welt zum Besseren beeinflusst werden kann, hat auch einen Anreiz, sich mit ihr zu beschäftigen. Die Haltung des kritischen Zukunftsoptimismus meint dabei nicht, ein rosarotes Bild der Zukunft zu malen, sondern alles, was ist – also auch jede Krise –, als Chance zu begreifen, um handelnd Einfluss auf den weiteren Verlauf zu nehmen.

Wer kritisch zukunftsoptimistisch ist, geht von der Grundannahme aus, dass Zukunft ein gestaltbarer Prozess ist, in dem sich Probleme auf die eine oder andere Art und Weise bewältigen lassen. Wer sich das immer wieder bewusst macht, kommt ins konstruktive Handeln. Ein kritischer Zukunftsoptimismus trägt somit auch maßgeblich dazu bei, dass wir Krisen nicht nur überstehen, sondern auch an ihnen wachsen können. Diese grundoptimistische Widerstandsfähigkeit brauchen wir derzeit mehr denn je.

VERANTWORTUNG FÜR DIE ZUKUNFT ÜBERNEHMEN

Kritischer Optimismus als innere Zukunftshaltung erkennt die Aspekte des Zufälligen, Unplanbaren ebenso wie die Gestaltbarkeit von Zukunft an. Es ist eine Welthaltung der Selbstverantwortung, aber auch einer proaktiven Bescheidenheit. Es ist das Wahrnehmen der eigenen Spiel- und Handlungsräume, über die wir als Menschen verfügen, ohne alles gleichzeitig lösen zu können. Dabei handelt es sich immer auch um eine reflektierte Beziehungshaltung, die der Achtsamkeit nahe steht. Denn der Wandel, der von Menschen erzeugt wird, setzt immer auch einen inneren Wandel voraus. Es geht also nicht um bloße Hoffnung, sondern um Zuversicht: um eine Handlungsbereitschaft, die mit Überraschungen rechnet – und gleichzeitig immer an das gute Gelingen glaubt.

Mit einer solchen inneren Haltung und Stärke können wir uns auch sozialen Bewegungen anschließen, ohne uns selbst zu verlieren. Die kritisch zukunftsoptimistische Haltung kann als Kompass dienen, sämtliche Überzeugungen, die wir und andere über die Zukunft haben, zu prüfen und im Zweifelsfall neu zu justieren oder loszulassen. Es gilt also, zukunftsverweigernde Haltungen zu verabschieden und eine Art gütiger Zuversicht zu entwickeln: eine Weisheit, die das Schlimme nicht leugnet, das Schwierige nicht ignoriert – aber mit wachsender Erfahrung auf die Kräfte der Lösung setzt. Eine solche Zukunftshaltung macht uns gleichsam humaner: Wir übernehmen die Verantwortung dafür, wie wir in Zukunft leben wollen.

GESELLSCHAFTLICHE BEWEGUNGEN VERSTEHEN

Wandel geschieht nicht nur durch abrupte Änderungen der äußeren Umstände, sondern durch schleichende Veränderungen in Einstellungen und Haltungen der Menschen zur Zukunft, die sich latent unter der Oberfläche des Wahrnehmbaren bewegen – im Individuum, im Sozialen der Gesellschaft. Aktiviert werden solche Veränderungsbewegungen von einer kleinen, aber engagierten Minderheit, die von alternativen Ideen zur Zukunft überzeugt ist und sich für diese einsetzt. Und der es schließlich gelingt, die Ansichten einer Mehrheit zu ändern und damit weitreichende Bewegungen in allen gesellschaftlichen Bereichen anzustoßen.

Sobald eine kritische Masse überzeugt ist, braucht es nur noch einen kleinen, unscheinbaren Auslöser, um eine gewaltige Dynamik in Gang zu setzen, die schlussendlich alle Gesellschaftsbereiche beeinflusst. Dann genügt es plötzlich, wenn eine Schülerin in Schweden freitags die Schule schwänzt, um vor dem Parlament für mehr Klimaschutz zu protestieren – und damit die Politik weltweit in Bedrängnis bringt und Großunternehmen zum Umsteuern bewegt. Diese Punkte, an denen Menschen mit ihren geteilten Haltungen zur Zukunft gezielte Veränderungen in eine Richtung anstoßen, nennen wir soziale Kipppunkte. Rapide gesellschaftliche Veränderungsprozesse finden demnach nicht als lineare Prozesse statt, sondern als nichtlineare Umbrüche.

Soziale Kipppunkte funktionieren, weil sie die Macht der Überzeugungen ausspielen. Denn Überzeugungen haben zwei entscheidende Eigenschaften, die elementar sind für das Erreichen sozialer Kipppunkte: Sie wirken ansteckend – und tendieren deshalb auch dazu, sich selbst zu erfüllen. Je mehr Menschen eine Haltung teilen und an eine bestimmte Zukunft glauben, desto intensiver wird an ihrer Realisierung mitgewirkt. Auch deshalb sind wir aufgefordert, verantwortungsbewusst mit unseren Haltungen zur Zukunft umzugehen.

Je mehr Menschen an eine bestimmte Zukunft glauben, desto intensiver wird an ihrer Realisierung mitgewirkt.

Zum Weiterlesen:

TRENDSTUDIE

DIE WELT NACH CORONA

BUSINESS, MÄRKTE, LEBENSWELTEN – WAS SICH ÄNDERN WIRD

In der Trendstudie „Die Welt nach Corona“ werden die sozialen und wirtschaftlichen Konsequenzen der Pandemie beschrieben. Die Frage, wie sich die Corona-Krise konkret auf unterschiedliche Märkte, aber auch auf unseren Alltag auswirkt, wird in der Publikation umfassend beantwortet.

ZUKUNFT IST
EMOTION

Nimm wahr, was du fühlst!

Zukunft ist emotional geprägt. Unsere Wahrnehmung von Zukunft, unser Blick auf das Künftige und unsere Handlungen, mit denen wir unser Morgen formen, sind von unseren Emotionen beeinflusst und gesteuert.

DIE MACHT DER EMOTION

Wir leben in einem Zeitalter, das fundamental von Emotionen bestimmt ist. Emotionen sind die Reaktion auf eine Welt, die keine Eindeutigkeit mehr bietet, und sie werden gleichzeitig von jenen instrumentalisiert, die mit ihrer Haltung überzeugen wollen. Emotionen sind mächtig und beeinflussen individuelle, gesellschaftliche und politische Entscheidungen stärker denn je. Genau deshalb brauchen wir ein gutes Verständnis von Emotionen: einen verstehenden Blick auf die uns umgebende emotionalisierte Gesellschaft – damit wir uns selbst besser verstehen lernen.

Emotionen zeigen uns, was uns trifft, betrifft, was uns bewegt, was uns wichtig ist. Sie erzählen uns damit gleichzeitig von unseren Wahrnehmungsgewohnheiten. Denn emotional werden wir immer dann, wenn wir mit Veränderungen konfrontiert sind, die spürbare Auswirkungen auf uns und unser Leben haben können – wenn also unsere gewohnte Komfortzone bedroht ist. Sobald wir emotional werden, ist klar: Es geht ans Eingemachte. Indem Emotionen unsere gewohnte Art zu denken, zu fühlen und zu handeln beeinflussen, sind sie also zunächst einmal wichtige Informationen an uns selbst: unser Seismograf für Veränderungen.

Emotionen sind unser Seismograf für Veränderungen.

WIE (UNS) EMOTIONEN BEWEGEN

Als Hinweisgeber für Wandel fordern uns unsere Emotionen auf, genauer hinzuschauen, was sich in unserer Umgebung tut. Und sie stellen uns vor die Herausforderung, uns damit auseinanderzusetzen und Position zu beziehen. Das gilt übrigens auch in die andere Richtung: Wir werden auch dann emotional, wenn wir selbst etwas unbedingt verändern wollen. Emotionen treten also immer auf, wenn etwas in Bewegung gerät – und wir selbst bewegt werden.

Die Bewegung steckt bereits im Begriff Emotion. Das Wort Motion leitet sich von dem lateinischen „movere“ ab und heißt genau das: „bewegen“. Emotionen bewegen uns also im wahrsten Sinne des Wortes – manche vorwärts, andere zurück. Man sieht die Emotionen wirken, wenn man sich selbst oder andere beobachtet. Hoffnung zum Beispiel lässt uns mutig einen Schritt nach vorn machen, Angst hingegen bremst uns. Ähnlich wirken Stolz und Scham. Stolz macht uns sicher, wir stehen mit beiden Beinen auf dem Boden und gehen aufrecht unserem Ziel entgegen. Scham lässt uns klein werden, wir versinken in uns selbst und weichen zurück.

Positive Zukunftserwartung	**Hoffnung**	**Angst**	Aktives Vermeiden
Antrieb, Leichtigkeit	**Freude**	**Leid**	Erstarren, Rückzug
Erkennen, was wichtig ist	**Mitgefühl**	**Schadenfreude**	Überheblichkeit
Bewahren, was gut ist	**Stolz**	**Scham**	Erfahrung von Grenzen

Acht Grundemotionen und ihre Wirkung auf unsere Haltungen und Handlungen

KOLLEKTIVE UND INDIVIDUELLE ZUKUNFTSBILDER

Auch unser Zukunftsdenken ist von Emotionen geprägt. Zukunftsvorstellungen zu entwickeln ist ein schöpferischer Akt, hinter dem ein schöpferisches Ich, ein Subjekt, ein Individuum steht. Ein fühlender und denkender Mensch mit Erwartungen, Hoffnungen, Ängsten und Wünschen. Emotionen bilden deshalb eine Grundlage für das Zukunftsdenken, sowohl für individuelles als auch für kollektives.

Gerade das kollektiv vermittelte Zukunftsdenken ist dabei meist besonders stark emotional aufgeladen. Tendenziell extreme Zukunftsbilder werden in den Medien fortwährend wiederholt und weiter verstärkt, was zu noch stärkeren Polarisierungen und teilweise auch Radikalisierungen führt. Das kollektive Zukunftsdenken ist daher oft stark überzeichnet: hier Schwarz, dort Weiß; hier Schmerz, dort Übermut; hier pure Angst, dort blinde Hoffnung. Dabei erzeugen die Masse und das Tempo, in dem wir Informationen im digitalen Zeitalter angeboten bekommen, einen Sog, dem wir uns nur schwer entziehen können – zumal uns extreme Emotionen so stark triggern, dass wir von ihnen regelrecht „angesteckt" werden.

Unsere individuellen Zukunftsbilder sind demgegenüber in der Regel ausdifferenzierter, zumindest sobald wir einmal damit anfangen, uns genauer mit ihnen zu beschäftigen. Dann engen sie uns nicht nur auf zwei extreme Emotionen ein, sondern lassen unterschiedliche Emotionen zu, auch jene, die zum Mitdenken und zu Mitgefühl anregen. Doch wie gelingt es uns, gut in uns hineinzuhören? Wie schaffen wir es, dass unsere Emotionen in Bezug auf die Zukunft nicht von außen gesteuert werden?

„POSITIVE" UND „NEGATIVE" EMOTIONEN

Für das „Hineinfühlen" in unsere eigene Gefühlswelt braucht es zunächst zwei Dinge: Zeit und Konzentration. Emotionen sind unsere Verbindung ins Hier und Jetzt, wo sich all das abspielt, was unsere Realität heute ist und was unser Morgen definiert. Meist sind wir jedoch mit den Gedanken entweder in der Zukunft oder in der Vergangenheit – also an den beiden Orten, an denen wir nichts verändern können. Unsere Emotionen sind das Werkzeug, um uns aus dieser Gedankenspirale zurück in die Gegenwart holen. Nur übersehen wir sie leider immer wieder. Vor allem, wenn es sich um negative Emotionen handelt.

Die Emotionskategorien „positiv" und „negativ" hinter sich zu lassen, ist daher der erste Schritt, um die Handlungsspielräume im Hier und Jetzt zu erkennen. Zwar wachsen wir mit dem Bild auf, dass „negative Gefühle" etwas Schlechtes sind, doch gerade Emotionen wie Ärger, Trauer, Ekel oder Wut zeigen uns sehr genau, wie es uns gerade geht. Zugleich sind diese „negativen" Emotionen aber auch aktivierend und regen zum Handeln an: nämlich dazu, an der aktuellen Situation etwas zu verändern. Wer verärgert oder wütend ist, weiß: Hier läuft etwas eindeutig nicht so, wie es sein sollte.

Wer „negative" Emotionen nicht ernst nimmt, sie kleinredet und womöglich mit anderen, vermeintlich „guten" Emotionen überspielt, riskiert es, diese Emotionen zu „verschleppen". Dann versperren uns die vermeintlich „guten" Emotionen den Blick auf die tatsächliche emotionale Lage. Dieses Verhalten kann letztlich zu emotionaler Dissonanz bis hin zu Burn-out führen.

OFFENHEIT MIT SICH SELBST

Bei der Bewältigung einer als kritisch wahrgenommenen Situation gibt es häufig zwei emotionale Reaktionen: Die einen verfallen in Aktionismus und suchen ohne Unterlass nach Möglichkeiten, aus der Situation das Beste zu machen. Die anderen sind in Schockstarre gefangen und aufgrund der Fülle an Informationen zu keinerlei Handlungen mehr fähig. Beiden Gruppen ist eine erhöhte Emotion gemein, angesiedelt zwischen Angst sowie Hoffnung und Neugier hinsichtlich der unbekannten Lage und ihrer Entwicklung.

Dabei gilt es jedoch, sich nicht in den ersten Emotionen zu verlieren, sondern diese zu reflektieren, die Ursachen anzuschauen und ihren Nutzen für konstruktive Zukunftsgedanken zu erschließen. Anschließend hilft es, noch einmal genauer in sich hinein zu hören: Welche Emotionen habe ich noch? Es geht um radikale Ehrlichkeit und Offenheit mit sich selbst.

MIT EMOTIONEN DIE ZUKUNFT GESTALTEN

Wer seine eigenen Emotionen im Strudel der Welt erkennen und reflektieren kann, der bleibt handlungsfähig und bei sich. Emotionen, so sehr sie das Lebenselixier unseres Seins darstellen, sind zugleich unsere größte Ablenkung, wenn wir sie nicht bewusst wahrnehmen, sondern uns in ihnen verlieren. Die Kraft der Emotionen hilft uns, ins Machen zu kommen, die richtige Abbiegung zu nehmen und stehen zu bleiben, wenn es sinnvoll ist. Sich von Emotionen steuern zu lassen hingegen treibt uns zu unüberlegten Handlungen, destruktiven Gedanken und Scheuklappen, die uns zahlreiche Chancen verstellen.

Sprichwörtlich „Ruhe zu bewahren“ ist nicht nur gesund für Körper und Geist, sondern auch trainierbar durch zum Beispiel gezielte Atemübungen oder Meditationen. Die Emotionsregulation ist ein wichtiger persönlicher Schutzfaktor. Nur wer auf seine Emotionen hört und seine Ressourcen aus der Vergangenheit und Gegenwart pflegt und als Kraftquellen zu nutzen versteht, schafft sich geistige Spielräume.

Die Entscheidung, welchen Weg wir in Zukunft einschlagen wollen, selbst zu treffen – mit Gehör für Gefühle, aber unabhängig vom momentanen inneren und äußeren Gefühlschaos –, ermächtigt uns zur Zukunftsgestaltung. Zu verstehen, wie Emotionen unsere Wahrnehmungen beeinflussen und unser Handeln prägen, verleiht uns auch die Fähigkeit zu beeinflussen, in welcher Welt wir in Zukunft leben wollen.

Zum Weiterlesen:

ZUKUNFT IST
BEOBACHTUNG

Erkenne, was wichtig ist!

Zukunft entsteht, indem wir Beobachtungen in der Gegenwart anstellen. Wir suchen nach Signalen für Veränderung, nach Mustern und Zusammenhängen, die wir als bedeutsam für die Zukunft interpretieren können.

ZUKUNFTSBEOBACHTUNG IN DER GEGENWART

Unsere Zukunftsvorstellungen formen wir mit unserer Fantasie und Kreativität, mit unseren Emotionen, und auch mit unseren Beobachtungen der Gegenwart. Wir sind darauf geprägt, Einzelphänomene nicht nur für sich zu sehen, sondern nach Mustern und Sinnzusammenhängen zu suchen. Diese versuchen wir automatisch zu deuten und im Hinblick auf ihre mögliche Bedeutsamkeit für zukünftige Entwicklungen zu bewerten.

Dadurch suchen wir regelmäßig nach Anzeichen für Veränderungen, um rechtzeitig auf diese reagieren und sie in die Konstruktionen von Zukunft in unserem Kopf mit einfließen zu lassen. Eine solche systematische Beobachtung der Gegenwart können wir trainieren, indem wir immer wieder möglichst unvoreingenommen das zu erfassen versuchen, was ist – um dann unsere eigenen Grundannahmen über Muster und Veränderungszusammenhänge zu überprüfen und gegebenenfalls anzupassen.

Wir können trainieren, die Gegenwart systematisch zu beobachten.

Mit jeder neuen Perspektive gewinnen wir weitere Informationen.

WAHRNEHMUNG BLEIBT SUBJEKTIV

Dass unsere Wahrnehmung immer subjektiv ist und wir selektiv wahrnehmen, ist urmenschlich. Doch zugleich sind wir auch keine „Opfer“ unserer Biologie: So können wir uns selbst beim Sehen beobachten und unsere Wahrnehmung immer wieder auf nicht mehr hinterfragte Gewohnheiten hin überprüfen. Wir können die Welt offener wahrnehmen, wenn wir so tun, als hätten wir noch keine Interpretationen im Kopf von dem, was wir sehen. Dann wird auch unsere Aufmerksamkeit freier – nicht mehr gesteuert von dem, was wir kennen und erwarten, von der Bestätigung des Bekannten.

Genau dann haben wir die Chance, etwas Neues zu sehen, anderes zu sehen, das womöglich nicht in unsere bisherigen Weltdeutungsschemata passt. Dadurch erweitern wir unser Blickfeld, unsere Wahrnehmung, und wir können Randphänomene und Dinge beobachten, die uns sonst entgangen wären. Zusätzlich können wir üben, die Welt aus vielen verschiedenen Perspektiven zu betrachten und diese immer wieder zu wechseln – denn mit jeder Perspektive mehr können wir weitere Informationen gewinnen.

PROFESSIONELLE MUSTERERKENNUNG

In der Trend- und Zukunftsforschung, die diese Gegenwartsbeobachtung professionell betreibt, nennen wir diese Muster, nach denen wir in der Gegenwart suchen, Trends. Am Anfang kann dabei eine Reihe unterschiedlicher Beobachtungen stehen. Zum Beispiel: Immer mehr Menschen leiden darunter, ihre Aufmerksamkeit nicht mehr selbstbestimmt einsetzen zu können, die ständige Informationsflut aus digitalen Medien fordert ihren Preis. Und: So viele Menschen wie nie zuvor besuchen Yogastudios und buchen Entspannungskurse. Und: Immer mehr Unternehmen setzen auf Maßnahmen, die nicht die Effizienz, sondern das Wohlfühlen steigern sollen. Und: Ein soziologisches Buch zum Thema „Resonanz“ landet auf den Bestsellerlisten.

Auf den ersten Blick haben diese Beobachtungen nicht unbedingt etwas miteinander zu tun – dennoch erkennt man darin ein Muster: Jedes der beobachteten Phänomene hat etwas zu tun mit einer Distanzierung von der klassischen Leistungsidee unserer Gesellschaft. Die Frage, die dahinter unscharf zu erkennen ist, lautet: Wie gelingt es Menschen, in einer Zeit der Beschleunigung ruhig und selbstwirksam zu bleiben? Sobald klar wird, dass verschiedene Entwicklungen einen größeren, gemeinsamen Kontext haben, lässt sich diese Veränderung benennen. In dem beschriebenen Beispiel etwa als Trend „Achtsamkeit“.

EINFLUSSFAKTOREN FÜR DIE ZUKUNFT ERKENNEN

Die Arbeit der Trend- und Zukunftsforschung ist die professionalisierte, systematische Beobachtung, Beschreibung und Bewertung gesellschaftlicher Entwicklungen. Anfangs lässt sich das Neue dabei oft nur in Form von qualitativen Beobachtungen und sogenannten „Weak Signals" erkennen: schwache Signale, deren Muster es sinnvoll und plausibel zu interpretieren gilt. Die Kompetenz der Trend- und Zukunftsforschung ist es, unterscheiden zu können, ob es sich bei einem beobachteten Phänomen um ein echtes „Signal" handelt oder ob es lediglich als „Noise" einzustufen ist – als irrelevante Erscheinung ohne Wurzeln und daher auch ohne erwartbare Dauer.

Um zu erkennen und zu bewerten, ob eine Veränderung längerfristig relevant ist oder nur ein kurzfristiger Hype, analysiert die Trend- und Zukunftsforschung zusätzlich eine Vielzahl an weiteren Informationsquellen – von wissenschaftlichen Untersuchungen und externen sozio-ökonomischen Daten bis zu selbst erhobenen Umfragen, Expertenanalysen oder Einschätzungen von Vordenkerinnen und Pionieren. Gerade die Vielfalt der Quellen ist wichtig, um am Ende ein gut begründetes Gesamtbild zu erzeugen.

Anfangs lässt sich das Neue oft nur in Form von „Weak Signals" erkennen.

Trends entstehen, wenn sich neue Phänomene zur gesellschaftlichen Mitte bewegen.

AUS BEOBACHTUNGEN WERDEN HYPOTHESEN

Auf Basis der gewonnenen Informationen lassen sich dann Hypothesen über Trendentwicklungen, neue Lebensmuster oder Verhaltensweisen aufstellen – die es wiederum durch Beobachtungen zu überprüfen gilt. Darin besteht die eigentliche Arbeit der Trendforschung: Analysierte Trendentwicklungen werden im Hinblick auf ihren zu erwartenden mittelfristigen Verlauf, ihren möglichen Impact auf die Zukunft eingeschätzt.

Echte Trends entstehen erst dann, wenn neue Phänomene sich aus gesellschaftlichen Randbereichen oder Nischen heraus in die gesellschaftliche Mitte hineinbewegen. Wenn sie eine höhere Relevanz bekommen und kleine Avantgarden das Potenzial entwickeln, den Mainstream zu verändern. Das tun sie dann, wenn sie bestimmte menschliche Grundbedürfnisse bedienen oder bestimmte Probleme lösen, die für Menschen aktuell und kontinuierlich dringlich erscheinen. Solche Trends nennen wir Megatrends. Die Voraussetzung für eine solche Deutung ist ein ganzheitliches Verständnis gesellschaftlicher Wandlungsprozesse und der vielfältigen Faktoren, die sie beeinflussen.

MEGATRENDS: TRENDPHÄNOMENE VON DAUER

Das System der Megatrends ist daher von besonderer Bedeutung für die Trend- und Zukunftsforschung, wenn es um die Beobachtung von Gegenwart geht. Es ist ein Orientierungssystem, in dem langfristige Entwicklungen festgehalten sind, die eine große Relevanz für alle Bereiche von Wirtschaft und Gesellschaft haben und von denen mit hoher Verlässlichkeit eine längere Wirkdauer in der Zukunft erwartet werden kann. Wo genau Trends und Megatrends jeweils ihren Ursprung haben, lässt sich dabei oft kaum eindeutig beantworten. Vielfach bilden sie sich – siehe das Beispiel „Achtsamkeit" – aus mehreren ähnlichen und gleichzeitig verlaufenden Phänomenen, die sich gegenseitig verstärken.

Megatrends beschreiben „Drifts" in komplexen sozialen, wirtschaftlichen und kulturellen Systemen, die sich überall auf der Welt in unterschiedlichen Ausprägungen zeigen. Sie geben eine generelle Richtung vor, nennen aber kein Ergebnis. In ihnen transformieren sich gesellschaftliche Zustände auf eine neue Ebene. Wie jedoch diese neuen Zustände genau aussehen werden, ist Ergebnis gesellschaftlicher und wirtschaftlicher Verhandlungs- und Verständigungsprozesse, die im Detail nicht voraussehbar sind.

Megatrends beschreiben „Drifts" in komplexen sozialen, wirtschaftlichen und kulturellen Systemen.

ORDNUNGSHILFE FÜR BEOBACHTUNGEN

Das Megatrend-System eignet sich gut als Bezugspunkt, um einzuschätzen, welche aktuell beobachtbaren Einzeltrends auch in Zukunft Bestand haben werden, sei es in der Arbeitswelt, im Handel oder in der Art der Lebensführung. Als ein solcher Referenzrahmen muss das System natürlich genauso regelmäßig überprüft und angepasst werden, wie wir es mit unserer eigenen Wahrnehmung und Interpretation der Welt tun. So wie unsere eigenen Denkmuster, dienen die Megatrends als Kontrastfolie für das, was wir wahrnehmen, um Wahrgenommenes zu überprüfen, größere Zusammenhänge zu suchen und sie als „Abbilder" von der Welt weiterzuentwickeln.

Die Megatrend-Map des Zukunftsinstituts hilft, Trendbewegungen zu identifizieren, indem sie die wichtigsten aktuellen Trendphänomene im Umfeld der Megatrends abbildet: Die bildliche Darstellung von Vernetzungen, Parallelen und Schnittpunkten ermöglicht ein besseres, intuitives Verständnis für Einzelphänomene und Zusammenhänge. Es regt an zu neuen, anderen Beobachtungen – und bietet Orientierung, ohne dogmatisch zu sein.

Das Megatrend-System eignet sich als Bezugspunkt, um einzuschätzen, welche Trends auch in Zukunft Bestand haben werden.

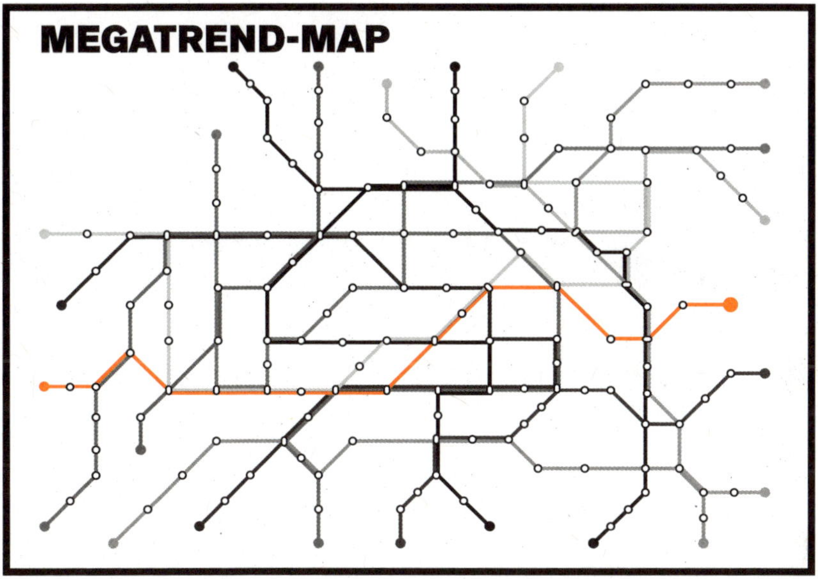

Die Megatrend-Map des Zukunftsinstituts zeigt Megatrends, Subtrends und ihre Überschneidungen (schematische Darstellung).

Zum Weiterlesen:

WORKBOOK

TREND CANVAS

DAS MODELL FÜR GANZHEITLICHE TRENDANALYSEN

Das Workbook „Trend Canvas" ist eine Anleitung für Strateginnen, Zukunftsgestalter und Unternehmen, die sich umfassend mit Trendentwicklungen und deren Auswirkungen auf die Wirtschaft, den Markt sowie die eigene Organisation und ihre Umgebung auseinandersetzen wollen.

ZUKUNFT IST BERECHNUNG

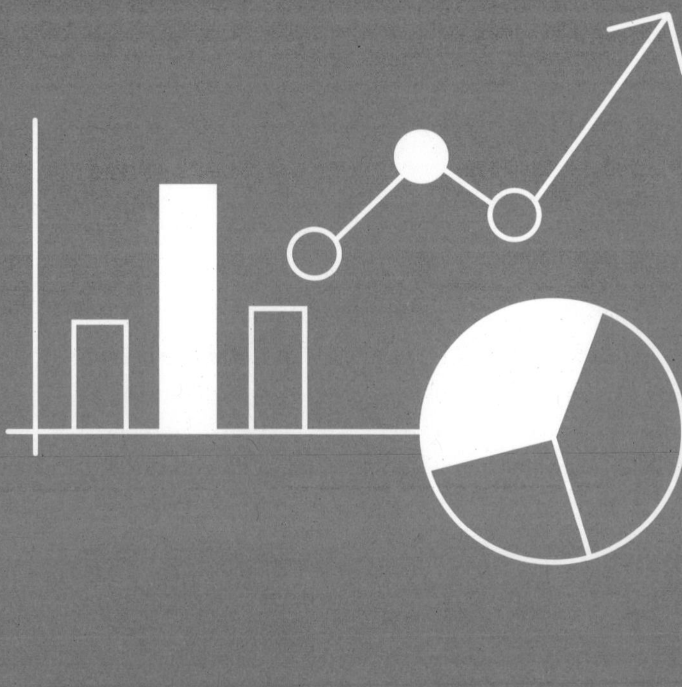

Analysiere, was wahrscheinlich ist!

Wir skizzieren Zukunft, indem wir die Wahrscheinlichkeit bestimmter Entwicklungsrichtungen berechnen. Mit Hilfe dieser Prognosen können wir sichtbar machen, was heute für die Zukunft wichtig ist.

DIE (UN)BERECHENBARE ZUKUNFT

Wie lässt sich sehen, was sein wird? Wie können wir versuchen, die Zukunft „vorherzusagen"? Ein Weg ist das Denken in Wahrscheinlichkeiten. Mit Wahrscheinlichkeiten zu arbeiten ist ein statistisches Vorgehen: Anhand von bestehenden Daten versucht man zu verstehen, mit welcher prozentualen Wahrscheinlichkeit ein bestimmtes Ereignis eintreten könnte. Diese Zukunftsprognosen sind heute omnipräsent, sogar überpräsent. Nach und nach, fast unmerklich, haben sie sich als fester Bestandteil unseres Alltags etabliert.

Ein Beispiel ist der Wetterbericht. Mittels Vorhersagen zum Wetter wollen wir uns auf die kommenden Tage einstellen: Was kann man unternehmen, wie sollte man sich kleiden? Indem wir Prognosen folgen, versuchen wir der Zukunft die Unsicherheit zu nehmen. Die Basis jeder Prognose bilden dabei aktuelle und historische Daten. Doch Daten zeigen nicht die Wirklichkeit von Systemen. Sie ermöglichen lediglich Rückschlüsse über Ist-Zustände und Verläufe im Nachhinein.

IST KOMPLEXITÄT PROGNOSTIZIERBAR?

Für lineare oder mechanistische Systeme kann die Analyse solcher Verläufe, das Erkennen ihrer zugrundeliegenden Muster und ihre Fortschreibung, ein einfaches Zukunftsbild mit hoher Treffsicherheit schaffen. Komplexere Systeme hingegen können nur dann prognostisch analysiert werden, wenn zusätzlich weitere relevante Faktoren und Zusammenhänge in die Rechnung mit einbezogen werden. Prognose-Modelle können dabei helfen, auch in unübersichtlichen Zusammenhängen Aussagen über wahrscheinliche Zukünfte zu treffen. Einmal aufgestellt, müssen diese aber immer wieder überprüft und gegebenenfalls angepasst werden, damit sie nicht den Bezug zur aktuellen Wirklichkeit verlieren.

Je nach System funktionieren Prognosen besser oder schlechter. Einen Anhaltspunkt, um die Prognostizierbarkeit von Systemen zu beurteilen, liefert das Modell der „prognostischen Grenzlinie" (siehe Grafik). Dabei markiert die waagerechte Achse die Komplexität des Systems: die Organisation auf vielen Ebenen, die kausalen Wechselbeziehungen zwischen den Komponenten. Die senkrechte Achse repräsentiert die Datenmenge, die das System produziert. Die „Voraussagbarkeitsgrenze" verläuft dann in einer Kurve zwischen den chemischen, mechanischen, physikalisch dominierten Systemen und den komplexen Systemen. Sie durchschneidet gewissermaßen die „sozialen Systeme", um die sich die systemische Zukunftsforschung ganz besonders kümmert.

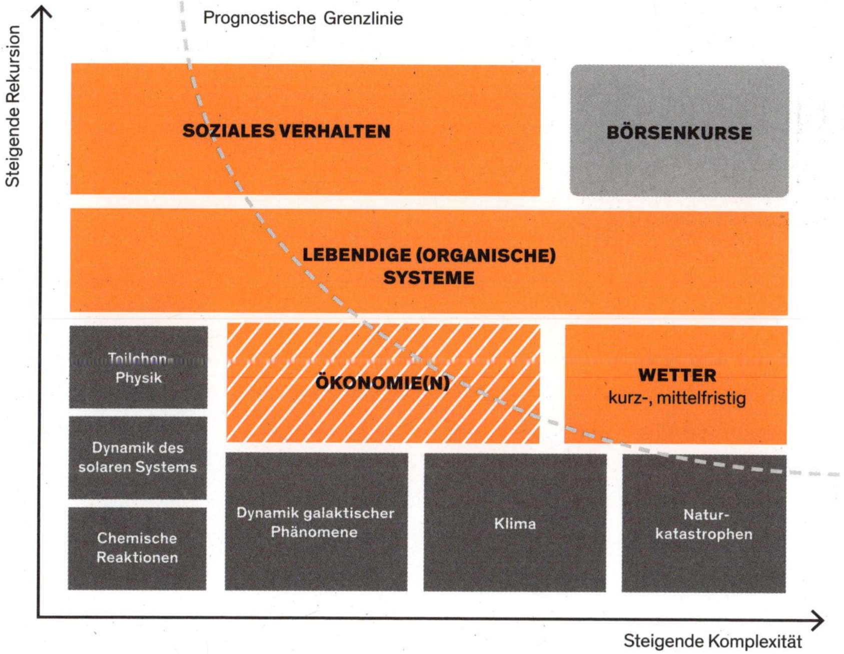

Die „Voraussagbarkeitslinie" verdeutlicht, was sich vorhersagen lässt – und was eher nicht (nach David Ruelle/John D. Barrow 1999).

Prognosen helfen uns zu verstehen, welche Entscheidungen im Moment anstehen.

PROGNOSEN ALS ORIENTIERUNGSSYSTEME

Zukunftsforschung findet also nicht in einem abstrakten Raum statt, sondern bewegt sich in der Praxis, in der Lebenswirklichkeit des „chaotischen“ Wesens Mensch. Deshalb kann es bei der Erstellung von Prognosen auch nicht darum gehen, die Zukunft „auszurechnen“. Quantifizierung und statistisches Datenmaterial spielen zwar eine wichtige Rolle, aber ebenso wichtig ist die Einbeziehung „weicher“, subjektiver Faktoren. Dazu zählt auch das Hinterfragen des eigenen Standpunkts und Denkens: Zukunftsprognosen sind immer das Ergebnis unserer eigenen Analysen und Beobachtungen – und daher nie vollkommen objektiv. Die Faktenbasis der Daten trägt nur so weit, wie Zahlen unsere Realität abzubilden vermögen.

Dass Prognosen häufig danebenliegen, ist Teil ihrer Natur. Sie haben auch nicht die Aufgabe, uns die Zukunft vorwegzunehmen. Vielmehr geben Prognosen einen Rahmen vor, innerhalb dessen wir uns eine Zukunft vorstellen können. Man könnte sagen: Prognosen designen unsere Vorstellung von einer Zeit, die noch nicht da ist. Sie sind Orientierungssysteme, die ein Lagebild zeichnen. Damit trainieren Prognosen uns im Einschätzen, was kommen könnte – und helfen uns zu verstehen, welche Entscheidungen im Moment anstehen. Eben wie bei der Wettervorhersage: Nehme ich den Regenschirm oder brauche ich Sonnencreme?

DAS PROGNOSE-PARADOX

Welche Rolle Prognosen für unsere Entscheidungen spielen – und wie sie uns dabei zugleich in Paradoxien führen können –, lässt sich am Beispiel der Smartphone-Navigation veranschaulichen. Eine Navigations-App liefert Hinweise, wie lange eine Route dauern wird und welcher Weg momentan der beste ist. Um zu erkennen, wo gerade wie viel Verkehr herrscht, nutzt die App die Smartphones anderer Nutzerinnen und Nutzer: Jedes Handy ist ein Datenpunkt, und die App entwickelt daraus Prognosen auf Basis aktueller und vergangener Daten. So wird eine Wahrscheinlichkeit erstellt.

Sobald man sich aber auf den Weg macht, ändern sich bereits die Daten. Die Verkehrslage wandelt sich. Und das nicht zuletzt auch genau wegen der Prognosen. Denn je mehr Menschen dieselbe Datenlage zur Grundlage ihrer Zukunftserwartung nutzen, umso mehr bewegen sie sich in eine Richtung. Die Prognose hat also die Zukunft verändert. Damit kann sich die ursprüngliche Prognose dann auch als falsch herausstellen. So kann in dem Moment, in dem man als Autofahrer in eine zuvor vorgeschlagene Straße einbiegt, plötzlich ein Stau herrschen – weil andere genau dieselbe Straße wählten. Damit erkennen wir eine Art Prognose-Paradox: Je mehr wir Prognosen in unseren Alltag einbauen, desto sicherer können wir sein, dass die Prognosen falsch sein werden oder zumindest anders eintreten, als wir dachten.

Je mehr wir Prognosen in unseren Alltag einbauen, desto wahrscheinlicher werden sie falsch sein.

SENSIBILISIERUNG FÜR DIE ZUKUNFT

Prognosen können also nicht die Zukunft vorhersagen – sie sensibilisieren vor allem dafür, welche Themen wir berücksichtigen müssen. So wie bei der Routenplanung: Wird auf einer Fahrtstrecke von einer Stunde ein Unterschied von drei Minuten angezeigt, liegt die Entscheidung wieder bei uns. Die Prognose besagt nur, dass es – momentan – fast keinen Unterschied macht. Wählen wir dann die kürzere Route aus, können wir trotzdem in einem Stau landen, zum Beispiel wegen eines Unfalls, der um diese Uhrzeit auf dieser Strecke äußerst unwahrscheinlich war. In dem Fall hat die Prognose nicht geholfen – obwohl sie zum Zeitpunkt ihrer Erstellung nicht falsch war.

Die Qualität einer Prognose liegt also nicht darin, dass sie sich bewahrheitet. Gute Prognosen helfen vielmehr zu verstehen, was wir überhaupt entscheiden sollten. Im Alltag ist das uns Menschen meist nicht klar. Und übrigens auch vielen Profis nicht. So verlässt sich heute das Management sehr häufig auf Prognosemodelle und Wahrscheinlichkeitsrechnungen – sogar immer mehr, denn das Versprechen von technischen Prognosetools klingt großartig: Ganz automatisch und ohne Zutun sollen aus großen Datenmengen wahrscheinliche Entwicklungen sichtbar werden. Aber nimmt uns das Entscheidungen ab?

PROGNOSTIZIEREN HEISST ORIENTIEREN

In einer hochkomplexen Welt ist es schwierig, Entscheidungen zu treffen. Es geht daher darum, unsere eigene Zukunftskompetenz zu erhöhen, und dafür ist diese Erkenntnis wesentlich: Prognosen helfen uns nicht, Entscheidungen zu treffen – sie helfen nur zu verstehen, was überhaupt entschieden werden sollte, indem sie eine Orientierung vermitteln. Verwechseln wir daher Prognosen nicht mit Zukunft: Prognosen sind in Zukunft verpackte Vergangenheit.

Die Systemtheoretikerin Elena Esposito fasst das in ihrem Buch „Die Fiktion der wahrscheinlichen Realität" so zusammen: „Eine Vorhersage, die aus der Wahrscheinlichkeitsrechnung abgeleitet wird, ist keine (mehr oder weniger gelungene) Vorherbestimmung der Zukunft, sondern ein permanenter Prozess auf der Grundlage provisorischer Prognosen, die kontinuierlich überprüft und angepasst werden müssen." Mit anderen Worten: Prognosen sind immer Kommunikationen der Gesellschaft, in denen sich diese selbst evaluiert. Und ihr alltäglicher Einsatz ändert, wer wir als Gesellschaft sind.

Zum Weiterlesen:

HANDBUCH FÜR ZUKUNFTSAGENTEN

Im „Handbuch für Zukunftsagenten" stellt Matthias Horx basierend auf seiner jahrzehntelangen Erfahrung im Bereich der Zukunftsforschung Methoden, Disziplinen und Philosophien aus der Geschichte der Trendforschung vor – und zeigt, wie sich diese Werkzeuge im Laufe der Jahrhunderte bis heute verändert haben.

ZUKUNFT IST VISION

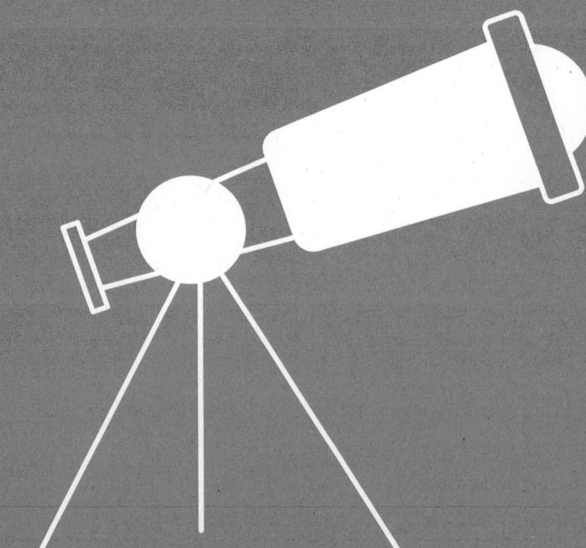

Forme deine Bildwelten!

In unseren Köpfen erzeugen
wir Bilder wünschenswerter Zukünfte.
Visionen, die unsere Hoffnungen und
Erwartungen spiegeln, sind die Leucht-
sterne, die uns Orientierung geben
auf dem Weg Richtung Zukunft.

BILDER AUS DEM NICHT-BEWUSSTEN

Zukunft ist etwas, das durch unsere Imaginationskraft entsteht. Werden wir gefragt, wie wir uns die Zukunft vorstellen, sehen wir als Allererstes Bilder in unserem Kopf. Imaginieren wir eine Zukunft, die wir für wünschenswert und möglich halten, dann sind diese Bilder in unserem Kopf unsere Visionen von der Zukunft. Visionen können damit als eine innere Bildwelt verstanden werden, die aus dem Un-, Unter- oder Nicht-Bewussten aufsteigt und in unser Bewusstsein tritt. Man kann Visionen sogar als eine unbewusste Bildsprache betrachten, die unserer konventionellen Wortsprache mitunter überlegen ist.

Weil die Quelle von Visionen in unserem Innenleben liegt, können Visionen auch nicht auf dem Reißbrett entstehen: Sie können nicht „erfunden", sondern nur gefunden werden. Dennoch sind Visionen das Resultat eines schöpferischen Akts, denn hinter jeder Vision steht immer ein schöpferisches Ich, ein Subjekt, ein Individuum: ein fühlender und denkender Mensch mit Erwartungen, Hoffnungen, Ängsten und Wünschen. Mit Emotionen.

Emotionen bilden generell eine wichtige Grundlage für Zukunftsbilder: Visionen sind immer eng mit Emotionen verknüpft, und beide rühren an unsere Identität. Während uns Emotionen erzählen, was uns bewegt und was uns wichtig ist, projizieren Visionen diese Emotionen in die Zukunft. Sie berichten davon, mit welchen Themen wir in die Zukunft aufbrechen können oder wollen: Was wird mir in Zukunft wichtig sein? Was wird mich in Zukunft bewegen? Das Eigentümliche an Visionen ist, dass sich die Antworten auf diese Fragen in Bildern zeigen.

FORMEN DER ZUKUNFTSENTWÜRFE

UTOPIEN sind klar umrissene Wunschbilder eines gesellschaftlichen Idealzustands. Sie reduzieren die Zukunft auf ein zentrales Lösungsprinzip.

➔ Etwas soll unbedingt sein – normativ

PROPHEZEIUNGEN sind absolute Versprechungen, die in Form einer Auserwählung daherkommen. Sie lassen keinen Handlungsspielraum, sondern treten schicksalshaft ein.

➔ Etwas muss kommen – manipulativ

MISSIONEN sind zweckgebundene Ziele, die aus aktuellen Problemlagen entwickelt und auf deren Beseitigung reduziert werden. Mit dem Erreichen der Ziele sind Missionen abgeschlossen.

➔ Etwas wird – finalistisch

VISIONEN sind Bildwelten von einer möglichen, wünschenswerten Zukunft, die auf das Handeln in der Gegenwart zurückwirken und es positiv beeinflussen können.

➔ Etwas kann werden – (selbst-)evolutionär

ANLIEGEN (auch: Purpose) sind Herzensangelegenheiten, die als innerer Antrieb zur täglichen Handlungsmaxime werden und sich im Tun erfüllen, ohne jemals abgeschlossen zu sein.

➔ Etwas wird permanent – richtunggebend, selbsterfüllend

BILDER DER ZUKUNFT

Visionen sind Zukunftsbilder: Bilder, die von der Zukunft erzählen. Das, was wir Zukunft nennen, wird dabei zur Projektionsfläche, zum Bildschirm. Um dem Wesen der Vision näher zu kommen, hilft es deshalb, einen näheren Blick auf die Eigenschaften von Bildern zu werfen. Bilder sind mehrdimensional: Sie haben einen Vorder- und einen Hintergrund, ein Oben und ein Unten, ein Hell oder Dunkel, einen Mittelpunkt und Randpunkte. Sie unterscheiden große und kleine Elemente und können bestimmte Bildteile scharf stellen, während andere in der Bedeutungslosigkeit verschwimmen.

Auf diese Weise codieren Bilder viele Ebenen unserer Wahrnehmung auf einem einzigen Informationsträger, dem Bild. Das Bild ist eine Form, um unsere menschliche Wahrnehmung der Wirklichkeit abzubilden. Und: Bilder organisieren Bedeutung. Sie vermitteln eine Perspektive auf die Wirklichkeit – und übermitteln dabei Informationen sowohl über den Inhalt als auch über den Autor oder die Schöpferin des Bildes.

Bilder sind also immer zutiefst menschlich und sozial. Sie verbinden uns in unserer menschlichen Sinnlichkeit, unseren humanen Gefühlen und unserer spezifischen Lebendigkeit. Und: Sie bringen Farben ins Spiel! Deshalb sind Zukunftsvisionen stets tendenziell positiv und konstruktiv ausgerichtet: Sie emotionalisieren und können die Emotionen, die sie wecken, als Kräfte mobilisieren und einem Ziel zuführen – mit unmittelbarer Wirkung. Damit setzt die Macht der Bilder Kräfte in uns frei, die auf rein rationaler Ebene nicht erklärbar sind.

VORSICHT VOR FIXIERUNGEN!

Allerdings können Visionen ihr positives Potenzial nur dann entfalten, wenn sie nicht zu fix, zu normativ verfolgt werden. Dies ist eines der Phänomene, das die deutsche Psychologin Gabriele Oettingen in ihrem Buch „Rethinking Positive Thinking" beleuchtet. Bei ihren Untersuchungen zur Funktion von Zukunftsvisionen fand Oettingen heraus: Allzu starke positive Visionen haben sogar negative Effekte. Menschen, die eine besonders klare Vorstellung von einem großartigen Leben hatten, das sie in Zukunft führen möchten, geraten demzufolge leichter in labile Zustände und erreichen zum Teil auch weniger das, was sie sich imaginiert hatten, als Menschen, die sich weniger starr auf eine bestimmte Zukunftsvision fixieren.

Die Macht der Bilder setzt Kräfte in uns frei, die rein rational nicht erklärbar sind.

Wird ein Zukunftsbild also zu einem fixen Zielbild, kann das durchaus kontraproduktiv wirken: Die Erwartungen werden ständig dermaßen hochgehalten, dass sich eine Art Erwartungsterror einstellen kann – der dann auch die Motivation, das imaginierte Ziel überhaupt anzugehen, mindern kann. Oettingen führt einen wesentlichen Teil dieses Effekts auf den „Gegenwartseffekt der Zukunft" zurück: Bilder einer gelungenen Zukunft erzeugen demnach eine mentale Komfortzone, eine imaginäre Blase, in der wir im Grunde gern verharren wollen: Wozu sich also noch anstrengen, wenn man die Belohnungs-Endorphine bereits durch Vorfreude „abgeholt" hat?

FLUIDE VORSTELLUNGEN

Im Grunde handeln Visionen also eigentlich gar nicht von der Zukunft, sondern sie dienen primär dazu, eine Komfortzone in der Gegenwart zu schaffen. Visionen vermitteln das Prinzip Hoffnung für die Zukunft – und damit auch ein Stück Orientierung und Sicherheit. Sie beschreiben ein für uns erstrebenswertes, positives Zukunftsbild, das uns in unserem Handeln motiviert, zumindest solange sich die Visionen im Rahmen des Realisierbaren bewegen. Bleibt man aber in einer einmal imaginierten Zukunftsvision stecken und hält beharrlich und ohne Änderung daran fest, kann es passieren, dass man vor lauter Zukunftsvision die Wirklichkeit nicht mehr sieht. Dann bewegt man sich nur noch in einem starren, unflexiblen Tunnel, in dem jede Abweichung stört – und irgendwann die Motivation verloren geht.

Das bessere Morgen entsteht also nicht durch Realisierungen fester Pläne, sondern durch kluge Adaptionen, durch den virtuosen Umgang mit dem Unvorhergesehen. Durch Kreativität und Vitalität. Eben deshalb ist es so wichtig, Zukunftsvisionen nicht wörtlich zu nehmen und auf ihnen zu beharren, sondern sie als fluide Zukunftsvorstellungen zu betrachten, die sich mit der Zeit verändern dürfen. In diesem Sinne sind Visionen so etwas wie Richtungsgeber: Sie eröffnen Möglichkeitsräume, erweitern unsere Vorstellungen, stimmen uns positiv und lassen uns optimistisch in die Zukunft blicken. Sie sind Fenster in ein mögliches Morgen, die verändernd auf uns zurückwirken können und dürfen. Sie spiegeln unser Anliegen für die Zukunft wider, ohne es dabei zu einem in Stein gemeißelten Mantra zu erheben.

Visionen vermitteln das Prinzip Hoffnung für die Zukunft – und damit auch ein Stück Orientierung und Sicherheit.

Zum Weiterlesen:

ZUKUNFT IST ERZÄHLUNG

Entwickle deine Geschichten!

Zukunft wird lebendig durch unsere Erzählungen von ihr: Erst Wörter und Geschichten von einem So-könnte-es-Sein tragen unsere Zukunftsideen weiter und machen sie vorstellbar, spürbar – und wirksam.

SPRACHE FORMT DAS DENKEN

Die meisten Dinge, die wir wahrnehmen, können wir erst richtig verstehen, sobald wir sie in Worte gefasst haben. Wörter beleben und füttern unsere Vorstellungskraft und ermöglichen es uns, konkret mit etwas umzugehen. Erst wenn es erzählbar geworden ist, können wir etwas so richtig begreifen. Eine Kernaufgabe der Trend- und Zukunftsforschung besteht daher in der erzählerischen Übersetzungsleistung: Es gilt, die erarbeiteten Beobachtungen, Interpretationen und Erkenntnisse verständlich zu vermitteln und damit anschlussfähig zu machen.

Das zentrale Medium der Trend- und Zukunftsforschung ist also die Sprache – mit dem Ziel, eine veränderte Wahrnehmung und ein neues Verständnis der Welt anzustoßen. Dabei bedient sich die Trend- und Zukunftsforschung einer ganz eigenständigen Art der Sprache: indem sie Trendwörter schafft. Trends lassen sich deshalb auch beschreiben als Anzeichen des Wandels, die durch Begriffe ihren Ausdruck finden.

Eine Kernaufgabe der Trend- und Zukunftsforschung ist die erzählerische Übersetzungsleistung.

Trendbegriffe besetzen semantische Leerstellen und erzeugen neue Vernetzungen im Gehirn.

TRENDWÖRTER ALS KOPFÖFFNER

Trendwörter sind besondere Begriffe meist außerhalb unserer Alltagssprache, die gesetzt oder zum Teil auch künstlich erzeugt werden, um etwas zu beschreiben, was vorher noch niemand wahrgenommen hat. Sie fungieren als Signale: als Orientierungspunkte, die auffallen – und sich im ersten Moment noch nicht einmal voll erschließen müssen. Erst in der Folge geht es dann um die genaue Ausdeutung dieser Begriffe, um die Erläuterung und Vertiefung. Am Anfang aber steht der Aha-Effekt: die Erkenntnis einer neuen Betrachtungsweise.

Damit besetzen Trendbegriffe etwas, was man als semantische Leerstelle bezeichnet: eine Art Wahrnehmungs-Loch, einen blinden Fleck, eine ungenutzte Verbindung im Hirn. Indem Trendbegriffe diese semantischen Leerstellen „okkupieren", erzeugen sie im Gehirn eine neue Vernetzung. Worte können eine eigene Realität in unserem Kopf erzeugen. Sie erzeugen ein narratives Feld, das unsere Wahrnehmungen neu kalibriert.

DAS NICHT-VERSTEHEN LERNEN

Oft geht es bei der Wirkung von neuen, uns unvertrauten Trendwörtern auch darum, bewusst Unschärfen zu erzeugen, also starke Glaubenssätze über die Welt in Frage zu stellen, indem man sie weich klopft, ohne schon eine deutliche Gegenantwort zu haben. Deshalb helfen uns Trendbegriffe eben nicht nur, etwas „neu" wahrzunehmen, sondern auch manchmal etwas zu entlernen, um in einen Zustand des „Nicht-Verstehens" zu kommen.

Trendbegriffe sind also ein zentrales Werkzeug dafür, in einer neuen Qualität über Zukunft und ihre Vorstellung in der Gegenwart zu denken. Aber: Sie bilden eben noch kein Endprodukt. Begriffe helfen, die Welt zu „begreifen", sie erzeugen eine Verbindung zwischen dem „da draußen" und uns selbst. Wir lernen durch sie, das Heute besser zu verstehen – durch einen konstruktiven, gestaltungsfreudigen Blick auf das Morgen.

In einer Welt, in der es vor Begriffen wimmelt, wird es jedoch immer wichtiger, sich klar darüber zu sein, mit welchen Begriffen man operiert. Welche Begriffe nehme ich in meinen eigenen Gedanken- und Sprachschatz auf – und welche nicht? Entscheidend ist es dabei, die Narration von Trendbegriffen zu erfassen, ihre implizite Erzählung. Denn jeder Trendbegriff erzählt immer auch eine Zukunftsgeschichte.

GESCHICHTEN SORTIEREN UNSER DENKEN

Wir Menschen sind auf Geschichten geeicht: Wir lieben es, Geschichten zu hören und zu erzählen, seien es die Lebensgeschichten der eigenen Freunde, der Klatsch und Tratsch über fremde Menschen, die wir gar nicht persönlich kennen, dicke Romanwälzer mit möglichst vielen Fortsetzungen, Filme, Blogs, Facebook-Timelines oder Mini-Geschichten in Form von Tweets. Warum aber sind wir so „anfällig" für Geschichten und Erzählungen?

Die eine Antwort lautet: weil Geschichten uns unterhalten, indem sie einen emotional ansprechenden Spannungsbogen und eine konsumierfreundliche Geschlossenheit haben. Doch Geschichten leisten noch viel mehr: Sie bilden ganze Informations- und Wissenseinheiten, in denen wir unser Denken sortieren und ihm eine Richtung geben. Geschichten sind eine Art und Weise, uns mit Wünschen und Erlebtem auseinanderzusetzen, Möglichkeiten zu erforschen, Perspektiven auszuprobieren.

Geschichten bilden Wissenseinheiten, in denen wir unserem Denken eine Richtung geben.

Geschichten wirken im Unterbewussten weiter – und leiten Problemlösungs-prozesse ein.

KONZENTRATION AUF DAS WESENTLICHE

Indem uns Storys dabei unterstützen, unser Wissen zu erforschen und zu festigen, helfen sie uns immer auch, zu begreifen. Manche Dinge verstehen wir erst wirklich, wenn wir sie uns und anderen erzählen: Wir können die Bedeutung ihrer Teile erst dann richtig durchdringen, wenn wir sie als Geschichte weitererzählen können. Erst in der Form der Geschichte wird der Gehalt, der springende Punkt von etwas, das uns beschäftigt und das wir weitervermitteln wollen, aufgedeckt.

Am Ende geht es immer also um den Kern einer Story. Dafür müssen nicht alle Einzelheiten begriffen werden oder gar richtig sein. Oft verkürzen Geschichten auch, um die Aufmerksamkeit und Konzentration auf das Wesentliche zu steuern. Im Gegensatz zu nüchternen Analysen sind Geschichten lebendig, ihre häufig metaphorische Form berührt uns auf verschiedenen Ebenen. Darum erinnern wir uns auch eher an sie, nehmen Informationen und Vorstellungswelten auf diese Art und Weise besser auf und an. Geschichten wirken im Unterbewussten weiter – und leiten Problemlösungsprozesse ein.

DIE MEGATRENDS ALS GESELLSCHAFTLICHE NARRATIVE

Wie die Trend- und Zukunftsforschung mit Narrativen arbeitet, zeigt etwa die Megatrend-Systematik: Megatrends sind nicht nur zentrale Begriffe aus der Trendforschung, sondern transportieren immer auch gesellschaftlich relevante Zukunftserzählungen. Dabei geht es nicht nur um die tatsächlichen Inhalte, sondern auch um ihre Wirkungsweise. So sind Megatrends wie Globalisierung, Mobilität oder Individualisierung zwar keine neuen Begriffe, die einen direkten Erkenntnisgewinn anbieten. Doch lesen wir die dahinterliegenden Erzählungen im Kontext ihrer möglichen Wechselwirkungen und mit einem systemischen Verständnis, dann entsteht etwas, das Zukunft prägen und verändern kann.

Veranschaulichen lässt sich dieser Prozess zum Beispiel an der Geschichte, die der Megatrend Neo-Ökologie erzählt: In den 1960er-Jahren fliegen Menschen zum ersten Mal ins Weltall – und kommen mit eindrucksvollen Bildern eines verletzlichen blauen Planeten vor einem schwarzen Nichts zurück. Zum Schutz dieses Planeten bildet sich ein Umweltbewusstsein, das damals aber noch keine nachhaltigen Auswirkungen in der Denkweise der Gesamtgesellschaft hat.

Erst ab den 1970er-Jahren schaffen Greenpeace und Co. eine Kampfstimmung zur Ökologisierung der Welt: eine Ökologie-Erzählung, die Jahrzehnte später durch Fridays for Future neuen Drive erhält, sich mit einer ganzen Generation verbindet – und im Zuge der Corona-Pandemie zum Zukunftsbild einer ganzen Gesellschaft wird. Plötzlich sieht man in der Zuwendung zu einer solchen Zukunftserzählung Innovationschancen, die ebenso nachhaltig wie ökonomisch relevant sind. Die Geschichte des Megatrends Neo-Ökologie zeigt, wie der Wandel hin zu einer nachhaltigeren Welt unaufhaltsam auf den Weg gebracht wurde – und damit auch: wie aus Erzählung Handlung wird.

WIE ZUKUNFTSERZÄHLUNGEN WIRKEN

Die narrativen Effekte der Trend- und Zukunftsforschung lassen sich in fünf Funktionen unterscheiden:

→ **ORIENTIERUNG:** Zukunftserzählungen bieten einen Überblick über bestehende Denkrichtungen und helfen dabei, den eigenen Horizont zu erweitern.

→ **MINDSET:** Zukunftserzählungen können eine Veränderung im Mindset anstoßen, indem wir wahrnehmen, ob und inwiefern sie uns zum Denken anregen, etwas in uns berühren oder Widerstand hervorrufen.

→ **WANDEL:** Zukunftserzählungen können unsere Dynamik und Energie freisetzen. Treffen sie uns genau ins Herz, regen sie uns zum Handeln an.

→ **POTENZIALE:** Zukunftserzählungen bieten inhaltliche Anknüpfungspunkte, um sich mit Gedanken und Themen näher auseinanderzusetzen und ihren Mehrwert für Individuen und Gesellschaft zu erschließen.

→ **WERTANGEBOTE:** Zukunftserzählungen enthalten und transportieren bestimmte Wertvorstellungen, die gegebenenfalls eine Anpassung des eigenen Wertekanons bewirken können.

Zukunftserzählungen können unsere Energie freisetzen – und unser Mindset verändern.

Zum Weiterlesen:

TRENDSTUDIE

NEO-ÖKOLOGIE

DER WICHTIGSTE MEGATREND UNSERER ZEIT

Die Trendstudie „Neo-Ökologie“ beleuchtet den gleichnamigen Megatrend, der unsere Gegenwart im 21. Jahrhundert prägen wird wie kein anderer. Umweltbewusstsein wird vom Lifestyle-Thema zu einer kollektiven Frage, die Klimakrise bildet die Basis für die Entstehung einer neuen globalen Identität.

ZUKUNFT IST ENTSCHEIDUNG

Gestalte deine Zukunft!

Zukunft resultiert aus den Entschlüssen, die wir treffen. Entscheidungen setzen Impulse, eröffnen Chancen, erschließen neue Möglichkeitsräume. Sie erzeugen ein Momentum in Richtung einer Zukunft.

ÜBERGÄNGE ZUM ZUKÜNFTIGEN

Die mit Abstand häufigste Art, in der wir an Zukunft denken, ist das Planen: Rund drei Viertel aller Zukunftsaktivitäten in unserem Gehirn haben mit Planen zu tun. Planen erzeugt eine Verbindung vom Heute zum Morgen, es schafft Struktur und erzeugt Ordnung. Menschen lieben Strukturen, vor allem, wenn sie es mit Unbekanntem und Unübersichtlichem zu tun haben. Allerdings bedeutet Planen in der Regel auch, sich dem Möglichen, dem zukünftigen Potenzial nicht stellen zu können. Wer seinen Urlaub über die nächsten drei Jahre verplant hat, wird wenig Überraschungen erleben.

Planen heißt, die Zukunft zu fixieren. Daher eröffnet es auch keine Möglichkeitsräume – das schaffen erst echte Entscheidungen für das Hier und Jetzt: Was vorher offen und unscharf war, wird in dem Moment plötzlich konkret. Es wird zum Fakt. Die Vorstellung, die wir uns von der Zukunft gemacht haben, wird in diesem Augenblick nichtig, die imaginäre Planung wird hinfällig – und zugleich eröffnen sich dadurch überhaupt erst neue Zukunftsoptionen. In diesem Sinne sind Entscheidungen Übergänge zum Zukünftigen, die wir mutig überschreiten dürfen.

Nur echte Entscheidungen für das Hier und Jetzt eröffnen neue Möglichkeitsräume.

ENTSCHEIDUNGEN SELBST TREFFEN

Wie oft lassen wir uns Entscheidungen abnehmen, indem wir sie berechnen lassen, und wie oft geben wir die Verantwortung ab, indem wir uns selbst als Faktor herausnehmen? Vermutlich öfter, als wir meinen. Unsere Gesellschaft und Wirtschaft sind schon so lange auf Rationalität getrimmt, dass wir uns bei unserer Entscheidungsfindung fast ausschließlich auf das Berechenbare berufen. Je mehr Künstliche Intelligenz (KI) und Big Data unseren Alltag beherrschen, desto stärker erliegen wir der Annahme, die Welt sei umfänglich berechenbar. Und je mehr der gangbare Weg bereits vorgezeichnet ist, desto weniger treffen wir Entscheidungen wirklich selbstständig.

Deshalb müssen wir das Treffen komplexer Entscheidungen wieder besser trainieren: Wir sind gefragt, uns darin zu üben, mutig selbst zu entscheiden, anstatt reflexartig nach Datenwahrheiten und Rechenmodellen zu fragen. Denn diese können immer nur einen Teil dessen abbilden, was für Entscheidungen relevant ist. Wer komplexe Entscheidungen nicht blind einem Algorithmus überlässt oder glaubt, mit ein paar Markterhebungen zu wissen, was in der Welt los ist, behält die Qualität des Entscheidens.

Das gilt besonders für Entscheidungen, die eigentlich unentscheidbar sind, weil die Folgen der einzelnen Entscheidungsoptionen nicht mehr überschaubar sind. Wo es auf Fragen keine eindeutigen Antworten mehr gibt, erzeugen erst die Folgen der jeweiligen Entscheidungen die Antworten – und mit ihnen die Bedingungen für neue Zukünfte und neue Entscheidungen. So erzeugt Unentscheidbarkeit paradoxerweise auch ein Höchstmaß an Entscheidungsfreiheit.

Mutige, auch riskante Entscheidungen zu treffen – das war noch nie so einfach wie heute.

DAS NEUE WAGEN

Fordernde Zeiten wie unsere sind ein besonders fruchtbarer Boden für frische Ideen und Taten. So gesehen leben wir in einer geradezu prototypischen Aufbruchszeit. Auch wenn es paradox klingen mag: Es ist grundvernünftig, gerade jetzt mutig zu denken, zu handeln – und zu entscheiden. Nur dann verharren und erstarren wir nicht in Angst, sondern können uns und die Welt um uns herum weiterentwickeln. Auch wenn die Entscheidung zu Veränderungen mitunter mühevoll ist: Ohne die Neugier, Risikobereitschaft und mutige Schaffenskraft, die Menschen in der Vergangenheit aufgebracht haben, um ihre Ideen von Zukunft umzusetzen, hätten wir heute weder Fortschritt noch Wohlstand. Für die Zukunft sind diese Eigenschaften deshalb mindestens ebenso relevant.

Mutige, auch riskante Entscheidungen zu treffen, etwas Neues auszuprobieren – das war noch nie so einfach wie heute. Zum einen zählen die Maßstäbe der Vergangenheit immer weniger, zum anderen stehen uns in der heutigen Gesellschaft mehr Möglichkeiten denn je offen. Um sie zu nutzen, braucht es frisches Denken und den Mut, Neues zu wagen: Zuversicht im Umgang mit Unsicherheit und Risiko, eine positive Sicht auf Veränderungen und Dynamiken. Und: Entscheidungsfreudigkeit, um Zukunft aktiv mitgestalten zu können – und nicht nur passiv mitgestaltet zu werden.

DIE ZUKUNFT SÄEN

Die Schlüsselfrage ist dabei weniger, wie es gelingen kann, durch eigene Entscheidungen fundamentale Umbrüche in die Welt zu bringen, sondern vor allem: wie Zukunftsideen überleben und weiterwirken können. Dafür gilt es, rechtzeitig die Samen zu setzen und ihr Eigenleben zu fördern. Haben wir einen solchen Samen erkannt – intuitiv wie rational –, sollten wir ihm fortwährend die Atmosphäre und Nahrung geben, die er braucht, um zu wachsen. Es geht also nicht darum, eine einzige Entscheidung zu treffen und sie dann auf einen Schlag durchzusetzen. Sondern: einer Idee Raum zu geben zur Entfaltung, um die Zukunftsvorstellung in kleinen, adaptiven Schritten zur Realität werden zu lassen.

Stellen Sie sich vor, Sie haben einen Garten und wollen einen Baum pflanzen. Sie setzen ein kleines Pflänzchen ein, hegen und pflegen es, und mit jedem Jahr wächst das Bäumchen etwas mehr. Nach ein paar Jahren steht ein Baum in Ihrem Garten. Rückwirkend könnte man sagen, Sie haben durch viele kleine Entscheidungen zur wiederholten Pflege Ihre Zukunft gestaltet – Sie wollten einen Baum, nun haben Sie ihn. Aber es fühlt sich nicht so an, als wären Sie jetzt in der Zukunft. Denn während der Baum gewachsen ist, sind so viele Dinge in Ihrem Leben geschehen, und auch der Baum hat sich beim Wachsen ständig verändert: Er sieht anders aus, als Sie ihn sich zum Zeitpunkt des Pflanzens vorgestellt hatten.

So ähnlich können wir uns unsere Zukunft vorstellen. Jeden Tag wächst das, was wir unsere Zukunft nennen, ein bisschen in uns. Wir pflanzen Gedanken wie kleine Bäumchen, bilden Identifikationen, die wir pflegen. Fast nebenbei. Wir schmieden Pläne und treffen Entscheidungen. Wir bereiten uns vor für das Kommende. Und wenn es dann da ist, können wir es kaum als Zukunft erkennen. Dann ist es einfach geworden. Es ist auch nicht mehr unsere Zukunft. So wie auch der Baum nicht in der Zukunft vor uns steht, sondern im Hier und Jetzt.

ENTSCHEIDUNG FÜR DIE ZUKUNFT

Es gibt kein anderes Erleben als dieses Hier und Jetzt. Die Zukunft ist die Imagination, mit der wir das Heute formen. Sie ist das Pflänzchen, das wir einsetzen. Und während das eine bereits zum Baum gewachsen ist, gibt es immer neue Pflänzchen, die wir entscheiden zu pflanzen. Viele davon, ohne dass wir es wirklich bemerken, unbewusst geboren aus unseren inneren Glaubenssätzen über die Zukunft. Andere aus bewussten Entscheidungen für eine bestimmte Zukunft.

Gehen Sie behutsam mit den geistigen Pflänzchen um. Die Zukunft in uns ist fragil. Und sie ist einem enormen Stresstest ausgesetzt – erst recht, wenn das Gezerre um die „richtige“ Zukunft groß ist. Um sich bei den Entscheidungen, die Ihre Zukunft gestalten, nicht zu stark irritieren zu lassen, helfen einige Grundregeln: Planen Sie nur so viel wie wirklich nötig. Handeln Sie nicht stur nach einem „großen Plan“, sondern gehen Sie viele kleine Schritte und treffen Sie kleine Entscheidungen. Seien Sie sich bewusst, wie Ihre Zukunftsvorstellungen entstehen, wie sie auf Sie wirken. Und passen Sie Ihr Bild von der Zukunft immer wieder an.

Vor allem aber: Denken Sie nicht in richtigen und falschen Entscheidungen. Das, was wir gemeinhin „Fehler“ nennen, bildet die Grundlage menschlichen Lernens. Enttäuschungen zeigen uns lediglich das Ende von Täuschungen an: Ab dem Moment dürfen wir erkennen, dass wir zu sehr auf unserem Bild von der Zukunft beharrt haben. Dass wir „zugemacht“ haben in unserer Wahrnehmung und unserem Denken. Dass wir die Offenheit für das reale Leben, seine komplexen und nie gänzlich greifbaren Zusammenhänge, das Zufällige und Unbekannte verloren haben. Wir werden die Zukunft nie erreichen, aber immer auf einem Weg zu ihr sein, dem wir Bedeutung beimessen – auf dem evolutionären Zukunftspfad.

Wir werden die Zukunft nie erreichen, aber immer auf einem Weg zu ihr sein – auf dem evolutionären Zukunftspfad.

Zum Weiterlesen:

PRAXIS-GUIDE

NEXT LEVEL WORK

EINE ANLEITUNG ZUM MUTIGEREN ARBEITEN

Der Praxis-Guide „Next Level Work“ begleitet Führungskräfte bei der Transformation der Führungsrolle vom hierarchischen Management zur Ermächtigung und begleitenden Moderation. Sie lernen, die Gestaltung der Zukunft als gemeinschaftlichen Prozess zu verstehen und die Kraft der Emotionen als Entwicklungsspielraum zu nutzen.

Zukunft ist …

1 GEGENWART – Lebe Zukunft jetzt!

Zukunft gibt es nur in der Gegenwart – nämlich in unseren Köpfen. Sie ist das, für was wir sie in jedem gegenwärtigen Moment halten. Leben wir also nicht in der Zukunft, sondern mit ihr: im Hier und Jetzt.

2 VERÄNDERUNG – Sei Teil des Wandels!

Zukunft ist kein Ziel, das wir jemals erreichen werden, sondern ein Prozess der beständigen Entwicklung. Während wir uns auf die Zukunft zubewegen, verändert sie sich selbst immer auch mit.

Deine

6 EMOTION – Nimm wahr, was du fühlst!

Zukunft ist emotional geprägt. Unsere Wahrnehmung von Zukunft, unser Blick auf das Künftige und unsere Handlungen, mit denen wir unser Morgen formen, sind von unseren Emotionen beeinflusst und gesteuert.

7 BEOBACHTUNG – Erkenne, was wichtig ist!

Zukunft entsteht, indem wir Beobachtungen in der Gegenwart anstellen. Wir suchen nach Signalen für Veränderung, nach Mustern und Zusammenhängen, die wir als bedeutsam für die Zukunft interpretieren können.

8 BERECHNUNG – Analysiere, was wahrscheinlich ist!

Wir skizzieren Zukunft, indem wir die Wahrscheinlichkeit bestimmter Entwicklungsrichtungen berechnen. Mit Hilfe dieser Prognosen können wir sichtbar machen, was heute für die Zukunft wichtig ist.

3 UNGEWISSHEIT – Umarme die Unsicherheit!

Zukunft wird niemals ganz genau so eintreten, wie wir sie uns heute vorstellen. Trotz unserer Wünsche, Hoffnungen und Planungen bleibt sie für uns stets ungewiss – sie bleibt letztlich immer offen und unverfügbar.

4 MÖGLICHKEIT – Erkunde die Potenziale!

Zukunft ist noch nicht geschrieben, sondern ein Raum voller Möglichkeiten: ein Explorationsraum, den wir mit unserer Kreativität erschließen. Zukunft kann alles sein, was wir in der Lage sind uns vorzustellen.

5 HALTUNG – Glaube an die Zukunft!

Unsere Haltung gegenüber der Zukunft entscheidet, wie wir mit ihr umgehen. Nur wenn wir an die Zukunft glauben, wenn wir an eine bessere Zukunft glauben, haben wir einen Anreiz, uns mit ihr zu beschäftigen.

9 VISION – Forme deine Bildwelten!

In unseren Köpfen erzeugen wir Bilder wünschenswerter Zukünfte. Visionen, die unsere Hoffnungen und Erwartungen spiegeln, sind die Leuchtsterne, die uns Orientierung geben auf dem Weg Richtung Zukunft.

10 ERZÄHLUNG – Entwickle deine Geschichten!

Zukunft wird lebendig durch unsere Erzählungen von ihr: Erst Wörter und Geschichten von einem So-könnte-es-Sein tragen unsere Zukunftsideen weiter und machen sie vorstellbar, spürbar – und wirksam.

11 ENTSCHEIDUNG – Gestalte deine Zukunft!

Zukunft resultiert aus den Entschlüssen, die wir treffen. Entscheidungen setzen Impulse, eröffnen Chancen, erschließen neue Möglichkeitsräume. Sie erzeugen ein Momentum in Richtung einer Zukunft.

Zukunft

Das Zukunftsinstitut

ZUKUNFTSKOMPETENZ FÜR WIRTSCHAFT UND GESELLSCHAFT

Das sind wir:

Wir forschen für die Entwicklung von Menschen und Organisationen.

Wir begeistern Menschen für ihre Zukunft.

Wir sind kritische Zukunftsoptimistinnen und -optimisten und überzeugt, dass die Zukunft ein Gestaltungsraum ist – unsere Chance.

zukunftsInstitut

MANIFEST

1

Wir erkennen, benennen und beschreiben die Zukunft.

2

Wir denken ganzheitlich und systemisch.

3

Unsere Arbeit öffnet neue Räume im Denken.

4

Unsere Erkenntnisse erhöhen die Zukunftskompetenz.

5

Unser Ziel ist Wirksamkeit.

6

Wir wirken, indem wir frühzeitig erkennen.

7

Wir stehen für einen kritischen Zukunftsoptimismus.

Und:

Du darfst Zukunft auch neu denken.